# 生活处处要
# 演讲：

## 如何让你的表达更有影响力

[美] **简·耶格尔**／著　　**王佳娜**／译

天津出版传媒集团

天津人民出版社

# 图书在版编目（CIP）数据

生活处处要演讲：如何让你的表达更有影响力 /（美）简·耶格尔著；王佳娜译. —— 天津：天津人民出版社，2018.11

书名原文：The Fast Track Guide to Speaking in Public

ISBN 978-7-201-14109-1

Ⅰ.①生…… Ⅱ.①简…②王… Ⅲ.①演讲–语言艺术–通俗读物 Ⅳ.①H019-49

中国版本图书馆CIP数据核字（2018）第207010号

Original title: The Fast Track Guide to Speaking in Public
Copyright © 2011 by Jan Yager, Ph.D.
First published by Hannacroix Creek Books, Inc
All rights reserved.

The simplified Chinese translation rights arranged through Rightol Media
（本书中文简体版权经由锐拓传媒取得 Email: copyright@rightol.com）

著作权合同登记号：图字02-2018-315号

**生活处处要演讲：如何让你的表达更有影响力**
SHENGHUO CHUCHU YAO YANJIANG: RUHE RANG NI DE
BIAODA GENGYOU YINGXIANGLI

出　　版　天津人民出版社
出 版 人　黄　沛
地　　址　天津市和平区西康路35号康岳大厦
邮政编码　300051
邮购电话　（022）23332469
网　　址　http://www.tjrmcbs.com
电子邮箱　tjrmcbs@126.com

责任编辑　陈　烨
特约编辑　李　羚
策划编辑　冀海波
装帧设计　尚世视觉

制版印刷　天津翔远印刷有限公司
经　　销　新华书店
开　　本　880毫米×1230毫米　1/32
印　　张　8.5
字　　数　150千字
版次印次　2018年11月第1版　2018年11月第1次印刷
定　　价　42.00元

# 目 录 content

第一章

# 生活处处要演讲

我曾经在印度的加尔各答做过一场演讲，至今想起来都兴奋不已，仿佛仍然置身其中。那是一场面对250位基金经理的演讲，我不需要回顾会议策划人上传到YouTube上的视频片断，就能回想起当时和听众的那种连接感。

尽管由于灯光和讲台设置的关系，我看不到很多听众的脸，但起码能看到前排的一些听众，他们对我的演讲词的那种紧密的连接感激励着我继续演讲。

这样美好的演讲体验是我愿意去那里演讲的原因之一。通过演讲，我不光有机会与听众分享关于工作关系、时间管理、使工作有更高产出以及如何平衡工作和生活的专业知识和洞见，还有机会去加尔各答那么棒的地方。

会议的策划者还要求我为加尔各答的"扶轮社"做一场演讲，在那里，我遇到了不少优秀的先生和女士，还有儿童以及青少年，因为这些孩子们会在那里表演，当然也会听我的演讲。

我们都知道，在当今社会中，想要在商业世界中领先对手一步，你必须要有优秀的沟通能力和出众的计算机操作技能，还要精通商务礼仪。在这个基础上，你还可以用你良好的演讲技能在竞争中为自己增加筹码。但是，糟糕的演讲技能也可能阻碍你的职业发展。不论是在小组中做一个10分钟的演讲，还是在一场国际会议中做一个45分钟的主题演讲，令人印象深刻的有效演讲的能力都能推动演讲者的职业发展，甚至给演讲者带来个人的成功。

当然，做公共演讲还要面对许多不可预见的现场情况。

现场突发的各种情况都要求演讲者头脑灵活，并能迅速地回答听众提出的难以回答的（或者出乎意料的）问题。但当你对此不再感到害怕，不再望而却步，学会享受和拥抱这种不可预见性的时候，这将会成为演讲过程中最令你感到激动的一部分。

例如，你可能在一些不同的听众面前用过同一个开场故事，而且每次效果都很不错。可是，这次就在你准备对这屋子里的听众开讲前，直觉告诉你有些情况不太一样，就好像有什么特别的东西在你耳边大喊——"换个别的故事来听听"。

于是，你追随自己的直觉，在演讲的时候换了一个开场故事，事后才发现这实在是太明智了——因为你原来的那个标志性的开场故事中有些内容可能会冒犯到这群听众中的大多数。

公共演讲是可以通过学习掌握的！这本书将帮你达到这个目标，里面提供了真实生活中的趣事，我的专业经验案例和个人经验案例，我所做过的研究，我对全球优秀演讲者的访谈，以及这些优秀的演讲者与我关于本书的沟通情况。

每位演讲者——即使是那些一场演讲要价几十万美元的演讲者，都和你我一样是从初学者起步的。是的，这本书就是为你而写的。

也可能你曾经因为工作的原因做过演讲，或者曾经做过专业演讲。现在，你觉得需要通过一个专业课程来重新振奋自己，或是从其他人身上学一些新的东西。那么，本书也同样适合你。

心理学家和专栏作家丹尼尔·戈尔曼给《纽约时报》写过一篇文章，题为"社会焦虑：新的关注带来洞见和疗愈"，其中写道："一项对3000名成年人的调查发现，他们认为在公众面前演讲是经常令他们感到非常恐惧的事情"。

有一句老话，大意是做公共演讲简直比上刑场还令人害怕。我不知道这种观点从何而来，也不知道这是基于什么研究得出的结论。但有一点儿我很清楚，那就是虽然我们都对死亡无能为力，但我们都能做些什么来让自己在公共演讲中更自在一些。

你害怕做公共演讲吗？

如果你被要求去做一场公共演讲，在准备演讲的时间里——不管这期间有几个月、几个星期、几天或者是几个小时，你是不是会一直忐忑不安，直到演讲结束？

如果你一点儿都不害怕做公共演讲，那么，根据你演讲后收到的反馈或者你的自我评估，你觉得自己的演讲技能需要再进一步提升吗？

我认为，你完全可以战胜内心的恐惧，也完全可以进一步提升你的演讲技能。

幸运的是，成为一个娴熟的演讲者所需要的技巧是完全可以被教授的；对自己的演讲能力有更大的把握，会在很大程度上减少你对公共演讲的恐惧感。

在本书中，你将学到必要的公共演讲的技巧。不论你之前是如何认为的，我想说的是——成为一名充满活力的演讲者并不是天生的。是的，虽然有些人在观众面前会比另外一些人感觉更自在一些。但是，你可以学会如何让自己更轻松地接受这样的状况——在面对听众做公共演讲的时候不需要那么害怕。

职业演讲者如何精心准备一场演讲，以及做一番令人印象深刻的演讲所需要的工具全都在本书中，等着你来学习和使用。

很少有演讲者是完全即兴地开始自己的演讲的，即使你坐在观众席中，即使你认为那番演讲是即兴演讲。事实上，不论是一个5分钟的演讲，还是半个小时或者是全天的研讨会，在演讲前，他们都会策划并练习他们要做的演讲。为了使演讲达到一种没有事先准备和刻意策划的即兴效果，他们要付出很多艰辛的练习。

有些演讲者会花数年甚至十多年精心打磨演讲技巧。在这本书里，你会发现职业演讲者的秘诀。如果你能学会这些秘诀，未来你将成为一个更自信的演讲者。因为你知道你的演讲将给听众们的生活带来改变。正是为了达到这样的目标，我才花了很多时间研究、撰写和出版了这本书。

本书的目标之一就是要帮助演讲新手迅速地成长起来。通过对某个你正在演讲的话题，或者对通用的演讲进行深入研究，从而避免公共演讲中的很多陷阱。研究的方式有很多种，例如阅读本书、参加一个有关演讲的工作坊，或是请一位演讲教练一起练习等，都是值得提倡的方式。

而对于有经验的演讲者来说，本书可以为你过去的演讲技巧做一个回顾。同时，你也可以借鉴其他优秀演讲者的经验和技巧，并将之运用到自己的每场演讲中，不断地充实自己的演讲内容，改进自己的演讲技能。

美国演讲者协会的创始人——卡韦特·罗伯茨始终抱有这样一个信念：努力打磨自己的演讲技能有助于提升演讲者的演讲能力。

本书可以作为你通往成功演讲道路上的一位有经验的引领者，让艰难的演讲之路充满乐趣和愉悦。

我在过去的几十年中，在全美甚至全世界的演讲中学到了很多宝贵的经验。还有，我从大学开始就主修公共演讲方面的课程，之后也从来没有停止过在这个领域的学习脚步——所有的这些我都将在这本书中分享给读者。

在这本书里，我会谈到如何为各种类型的演讲做准备，以及如何做这些演讲。不论你要做的演讲有多长，你都可以从中发现当你作为一名演讲者在演讲的时候可以运用的基本步骤。

我在书中还会告诉你，你完全有机会发展出自己的演讲风格。你也会学到用已被证明有效的一些方法来克服"讲台恐惧"或演讲时会出现的其他类型的恐惧心理，而所有的建议都是你可以根据自身的情况加以运用的。

在书里面，我也会与你分享一些创新性的点子，让你在演讲的路上走得更远。例如，把自己的演讲录下来，把演讲的内容剪裁润色后作为公司的新闻通讯稿，或是放在自己的博客上。甚至，还可以把演讲的内容加以扩充变成一本书，或是把这些作为你今后准备发展网上培训课程的核心内容。

你现在正在阅读的这本书就是一个很好的例子。它最初源于我2005年的一次关于公共演讲的培训讲座。当时，演讲的书面内容只有1万5千字。而7年后的现在，我以这些最初的内容作为基础，增加了一些新的研究和专业经验，将内容扩充到数万字，最后变成了一本书。

我们都有过吃药的经历，那是被要求去服用某种药物的体验。所以，你只能按照医生的要求，把药服下去就完事了。在演讲这件事上也是一样，不少演讲者只是按照要求去讲一遍就结束了。而在本书中，你学到的比只是被要求去讲一遍要多得多。

不论你的目的是想通过不停地进行演讲从而成为一名成功的演讲者，还是你只想当别人要求你去演讲的时候能够双腿不发抖、顺利而高效地完成演讲。你都将学会如何更好地进行演讲，并且更加享受公共演讲。

我喜欢把自己定义成一名擅长演讲的作者，而不是一名擅长写作的演讲者。

尽管写作也很困难，但我认为公共演讲比写作更有挑战性。因为写作可以先写草稿，然后在这个基础上一直修改，直到我对自己的文字感到满意为止。我可以在自己的办公室、本地的咖啡馆或是带着笔记本电脑在火车上或飞机上不受打扰地修改稿子。我可以重写一次、两次，或者更多次。在我没有对我的文字感到绝对舒服之前，我不会把它们拿出来与任何人分享。然后，如果我选择把这些文字发布出来，它们就会一直留在那里。

可是，当我开口演讲的时候，观众对我来说就像是一个个充满魅力的未知因素。即使我把演讲的内容事先写在纸上，而且演练过很多次，但正式投入演讲时还是会存在一些变化的因素。这就使得演讲体验令人感到非常兴奋、非常特别，但同时也会有点儿难以预测并让人感到不安，会担心观众是否不喜欢我或者不喜欢听我讲的内容。

你将在本书中学到，演讲时你最需要去取悦的人其实是你自己。你要喜欢你自己，对你自己将要分享的内容感到自信，对自己关于这个话题写下的文字——不论是提纲还是一篇完整的演讲稿，或只是在手机上记下了一些关键词或是一张索引卡——所有这些自己所做的准备都要令你感到底气十足才行。

此外，对反馈持开放的态度，这样你才可以改进自己的演讲——千万不要认为自己是在被批评、被质疑。我说的反馈既是指你在演讲接近尾声时观察到的观众的肢体语言，也有在演讲结束后的几天、几个月甚至几年内你可能会收到电子邮件或者其他的书面交流——谈及你的演讲对一个人产生的某种影响。

有些演讲生动有趣，令人印象深刻，并且能令听众受益匪浅。这样的演讲自然可以收获听众雷鸣般的掌声，演讲者会获得很高的声誉，职业发展也会得到极大促进。而另外一些演讲却是索然无味，反响不佳，演讲者的职业发展也自然无法通过演讲得到改观。

我曾经在很多场合谈到过，我演讲生涯的发端可以追溯到我读小学的时候。高中时，我曾经当着全校上千名师生的面发表竞职演说，游说他们投我的票，这样我就可以当选校务秘书了。大学的时候，我修了一门非常棒的公共演讲的课程。在那门课上，我做了很多研究，还进行了大量的实践。其中的一篇公共演讲稿成为我的第一份学习报告，并在多年之后得以出版。

作为一名作家，我常常受到各方邀请给读者们讲讲我自己的书。不知道为什么，大家好像理所当然地认为作家都应该有能力做公共演讲。但其实写作一本书和做一场公共演讲所需要的技能截然不同（尽管作家写作的才能可以在写演讲稿的时候帮上忙）。当你站在演讲台上的时候，你需要的更多是表演和展示的能力而不是文学方面的才能。所幸，中学时期我就在纽约的美国戏剧艺术学院学过表演，大学时期还去基弗兰克剧院学习过。这些早年的专业学习经历为我后来成为一名演讲者带来了很大的帮助。

16年前，我决定将演讲作为我的事业来发展，因此，我加入了全美演讲协会。不论是去做一场普通的演讲还是把这场演讲看作是我事业的一部分（或是全部），我都全力以赴，尽力让自己讲得更精彩，并结识更多的演讲者，观摩他们的演讲，对成为一名令人印象深刻的演讲者所需要特殊技巧加以反复揣摩和深入理解。

在我决定认真地发展我的演讲事业之前，我在大学里教书，算上全职和兼职的经历，我有几十年的教龄。那时候，我只是在别人请我去讲的时候，或是就某个主题做了一些研究后想通过一些课程与大家分享我的发现时才去做演讲。但现在，我想在众多的公司、协会、政府机构中演讲，我希望我的第一身份仍然是一位作者，而且是一位擅长演讲的作者。

演讲带给每个人的机会是——不论你是一位作者还是公司里的管理人员或是一位创业者——都有机会去分享你的知识，去启发别人，去激励别人，甚至是改变别人的生活。

口头上的交流显然和书面交流大不一样。写出来的文字可以被刻在石头上，这些文字永远都不会改变。阅读这些文字的人可能会变，但是，这些文字本身可以保持永恒。

这与演讲恰恰是完全相反的。

哪怕你把你的演讲稿全部写出来，揣摩了很多遍，事先做了很多策划，并且彩排了很多次，你似乎认为你能完全掌控演讲的进程。但事实上，当你演讲的时候，除非是参与在线研讨会，听众都是匿名的，否则，所有的听众就在你的面前，他们经常会成为你演讲的一部分。所以，你在演讲中会感受到他们的现场状况和投入程度（有这样一种互动书的趋势——读者会与作者分享他们关于某一段或者整本书的体会，企图影响作者的写作。甚至，未来可能看到这样的根据读者的反馈写作的书）。

听众确实会对演讲者造成影响，本书将告诉你如何坦然面对这样的情况，并且让你充分掌握公共演讲的技巧。

所以，在学习如何进行有效的公共演讲的时候，第一步要做的是问自己这样一个问题，这个问题的答案非常关键——你为何要去做这场公共演讲？

对于这个问题，你可能会有不同的答案。接下来，我会列举一些最常见的理由——也许正是因为这样一些理由使得你从书架上拿起本书来看：

1. 你的老板让你在即将到来的年度会议上代表公司做一个演讲。

2. 你受邀在一个会议上作为专家团的一员出席。这对你是一种荣誉，也可能会带来新的客户。

3. 你最好的朋友要结婚了，他希望你在婚礼上致辞。

4. 你所在的社区组织请你主持一年中主要的几次资金募集活动，那对你而言是一次展示才华的好机会。

5. 你创业的项目发展到需要额外资金的时候了，你需要在一群投资人面前做一个演讲，而他们会决定是否投资你的项目。

（你还有其他在我以上列举的理由之外的理由吗？此刻就写下你的理由。）

当然，这只是很多理由中的一些。

我认为，最为重要的一个理由是——学习如何成为一名更好的公共演讲者对你的职业和个人生活都十分有意义。

与其找各种借口躲避公共演讲，还不如花一些时间掌握公共演讲的艺术，让自己可以在公共演讲的平台上大放异彩。你甚至会发现，你是如此享受演讲，希望它成为你事业中更大的一部分，希望专注于演讲而不是之前做的那些工作。

这是发生在沃伦·格莱希斯身上的真实的故事。

我是在全美演讲协会纽约分会的会议上听到他的演讲的。他是一位令人印象深刻的优秀演讲者，现在从事全职演讲事业。当时，他为大家分享了他将演讲作为全职事业的发展历程。他告诉我们，当他开始职业演讲生涯的时候，他还在做推销员的工作。通常，每个星期他只要花七八个小时做推销工作就可以了，但他想为自己和家庭带来一些不一样的变化。

他从事演讲的第一年参与了200多场邀请，但大部分都是免费的。后来，他开始从演讲中收费，这是一个逐渐发展的过程。

我认为，绝大部分阅读本书的读者都可以通过学习达到一定的演讲水平，并且可以在做公共演讲的时候穿插进一些广泛的商业话题或是个人情况介绍。至于你是否一定能够成为一位职业演讲家，得到演讲收入，演讲收费很高或者是成为像沃伦·格莱希斯和拉里·温格特那样令人惊叹的演说家，尚有待观察。

但是，如果你愿意投入时间练习站在听众面前进行演讲，并学习那些对你来说很有用的内容，同时努力补足自己的短板。我相信，你可以将这方面的能力修炼得出乎所有人的意料。

　　沃伦·格莱希斯在演讲中与听众们分享了一些成功的秘诀。我认为，他在45分钟的演讲里谈到的最重要的一点就是——你需要不断练习你要演讲的内容，这样你才能对演讲词了如指掌，甚至偶尔还能进行一些即兴发挥——这些即兴发挥的内容会让听众们认为你的演讲是即兴的。

　　我知道，你可能会认为建议演讲者练习演讲词这种话就像没说一样——这种建议根本就没有经过大脑。但是有太多的演讲者——也许你也是他们中的一员——在演讲前根本不会试讲演讲稿，也不会经常琢磨演讲稿，结果就是关键的事实、数据以及那些趣闻都要靠大脑拼命地回想才行。

　　沃伦·格莱希斯建议你在演讲前对着镜子或是你的朋友和家人练习试讲。

　　你也可以通过加入当地的Toastmaster组织来练习演讲。

　　Toastmaster是一个国际性的成员组织，他们每周聚会，成员可以有机会在彼此面前练习演讲。而且，幸运的是，全球各地都有其分会，比如，仅印度的新德里就有12个分会。

　　如果你访问http://www.toastmaster.org就能找到全美各地的分会。这个组织在越南的胡志明市、尼日利亚、西班牙、土耳其也有分会；在印度有30多个分会，如加尔各答、孟买、钦奈；

在俄罗斯有两个分会，其中一个在圣彼得堡。

如果，你附近没有Toastmaster的国际分会，你也可以和身边有志于演讲的人一起创立自己的团体。

不论你是不是正式的演讲俱乐部的成员，只要能坚持阅读本书，参加聆听杰出的、一流的演讲者的演讲，或是购买CD、在Youtube上观看优秀的演讲者的演讲视频及相关资料，都能让你对公共演讲有更多的认识，并促使你向着成为一个更有信心、更有能力的公共演讲者的目标前进。如果你想在公司里、社区里甚至在社会中成为一个领导者，具备这种公共演讲的能力是非常关键的。

请思考一下杰出的演讲者拥有的或者发展出来的某一种特质，这种特质会在类似广播中、网络上或者是电视上接受采访这种与公共演讲有关的活动中帮到你（在第12章中，你将获得关于如何提升在这类情境下的演讲能力的具体建议）。

### 你梦想开始的地方

掌握了公共演讲的秘诀后，你就可以开始自己的演讲之路了。如果你还没有现成的演讲案例，那么，你可以花些时间把相机在三脚架上支好，对着一群朋友、家人或是同事发表一段演讲，并录制成短视频。又或者，如果你愿意，也可以在相机前录下一段没有观众的演讲。你可以观察这段样片，还可以把它作为一个比较的对象，看看你在学习本书的过程中技能是如何提升的。

我写这本书的目标是：在你读完本书后能有足够的自信，进而成为一个你一直希望成为的那种演讲者。

如果你已经在从事演讲，并认为自己是一名职业演讲者，或许，你至少可以从这本书里发现一两点可取之处。这些可取之处会帮助你巩固自己的相关知识，并向你展示一种新的做事情的方法——它可能会对你起到意想不到的效果，也可能是一种更适合你的方法。

第二章

# 优秀演讲者的基本功

你是否曾听过一名非常优秀的演讲者做的演讲？

你是否曾听过那种满嘴胡言乱语的演讲，演讲词混乱无序，单调乏味？

我至今仍清楚地记得，当我还是一个中学生的时候，我和姐姐从我们住的纽约皇后区坐了大约两个小时的公交到曼哈顿去听小说家和哲学家——安·兰德的演讲。她站在演讲台上，那天，她的表现以及她的文字都是非常典型的一个例子——我认为她说出来的话就像其小说《源泉》和《阿特拉斯耸耸肩》里的文字一样铿锵有力。

当然，如果你要在一个即将开始的会议中介绍一位同事，或者你要在一屋子的8年级学生面前做一场45分钟的主题演讲，你可能会觉得，如果用衡量20世纪的杰出领袖——如像温斯顿·丘吉尔、贾瓦哈拉尔·尼赫鲁、约翰·费茨杰拉德·肯尼迪、特蕾莎修女或是马丁·路德·金——的那种流芳千古的演讲标准来衡量你的演讲的话，就不那么适合了。

但是，这样一些"大人物"的演讲无疑给大家树立了某种优秀的标杆——这样的标杆激励人们不断在演讲方面有所进步。

在《改变世界的演讲》这本书里配有一个CD音频，西蒙·蒙蒂菲奥在里面介绍了21场精彩纷呈的演讲。他谈道："一场好的演讲能捕捉到时代的真相，不论听的人认为这确实是真相还是玩笑……这些演讲向我们展示了文字的力量……最好的演讲通常不是由专门给别人撰写演讲稿的人创造出来的。 或者说，这样的演讲的精髓是由那个发表演讲的人创造出来的。"

我通过回想自己观察过的演讲以及自己演讲时听众的反应总结了一些要点，它们可以帮助那些优秀的、令人印象深刻的演讲者从那些容易被听众遗忘的演讲者中脱颖而出：

1.尽管有书面的演讲稿，演讲者也有一些记录便笺。但演讲者在演讲的过程中要避免念稿子，要对自己所讲的内容了然于胸，要面向每一位听众，并和他们做眼神交流。

2.最好让你的演讲能看起来像是为某个团体专门

定制的，即使事实上并不是这样也没有关系。只需要让听众们感觉它是专门为他们准备的就可以了。

你可以运用一些放之四海皆准的原则，或者对这部分听众事先做些背景调查，然后在演讲中加入适合他们的个性化案例进去。如果是公共演讲或是研讨会，你事先无法接触到听众，那么，在演讲的过程中，你可以由笼统的原则引出适合听众的更加个性化的形式。

3.灵活性。优秀的演讲者会随着事情的变化走，如果有一个问题把演讲往另外一个方向引去，或者演讲时间和场地有变化，都需要演讲者适时地有所改变。

4.演讲要有实质性的内容，还要有新的内容添加进去。令人印象深刻的演讲不能是一成不变的。

5.尊重听众的宝贵时间和他们的智商。不论听众的年龄或者受教育水平如何，不要讲在他们认知水平以下的内容。

6.对每一场演讲做必要的规划，不要只是去露个面，然后毫无准备地随便讲讲。

7.准时到达演讲地点，如果可以的话，最好提前一些到。这样你就能收集到一些关于听众的信息，以便在演讲时可以添加一些自己认为必要的内容。

8.演讲者可以让听众在听完演讲后和自己握手并交谈，也可以让听众和自己做一对一的进一步阐述——前提是如果演讲者觉得有必要也很配合的话。

9.与听众分享一个有用的且能给他们留下深刻印象的想法或主意。记住一条准则：你的演讲要令听众有所收获，而且能让他们在笔记本或者是手机上记录下来。

10.如果演讲前安排了有关演讲的书面内容或是和现场演示相关的市场营销推广材料，请确保把这些材料内容制作得符合听众的预期和要求。

11.演讲过程中如果需要使用视听材料，请把它们制作得足够吸引人，使得听众能把注意力由演讲者的身上转移到这些视听内容上。

12.分发的材料清晰且有用，并能巩固或扩充听众从演讲中得到的内容。

13.演讲时要注意保持声音清晰而响亮。

14.演讲的内容适合演讲时的场合及听众的心理。

15.演讲时要充满自信。

16.如果在演讲过程中出现了冷场，演讲者不必恐慌，可以利用好这种情况——冷场并不会中断演讲者的思考及演讲。

17.谦逊是很多伟大演讲者都具备的品质。

18.优秀的演讲者绝对不会在宣传中夸大某种产品的效果或者夸张地宣传自己。如果演讲过程中必须提到某一产品，又或是作者写的或是与其他人合著的书，要让这些以一种听众感觉舒服且自然的方式出现。

19.能给人留下深刻印象的演讲者会适当与听众分享亲身经历的案例及趣闻轶事，帮助听众从演讲者或成功或失败的经历中学到有用的内容。

20.演讲者务必要问自己一个问题：演讲时我是否尽了自己的全力？我在演讲中所提供的信息、鼓舞人心的事情以及案例是否能让花费时间和金钱来听我演讲的听众感觉值得？

后面，我会对以上20点内容进行详细的探讨。


## 关注成人的学习方法

当你要去做演讲，特别是要做针对成人听众的演讲时，在准备演讲的过程中要考虑到成人的学习方式——成人的学习方式会影响到你如何演示材料。

你在读书的时候所经历的那种讲座式的演讲方式可能对你的听众并不起作用。所以，理解成人的学习方式将会是帮助你成为优秀演讲者的利器之一。

我认为，老师（还有所有的演讲者们）都应该看一下ASTD(美国培训和发展协会)信息热线的小册子。其中列举了一些成人学习的特征，值得我们思考：

1.需求是成人学习的一大动机。这个培训将如何帮助他们？

2.学了以后有什么收益？

3.如果不学的话，有没有什么不好的后果？

4.学习是通过一系列的活动来加强的，而不仅仅只是通过讲座去灌输。

对于成人学习者而言，一个不那么正式的学习环境，例如，U型座位分布，提供一些餐点，会比一个传统的教室更有利于成人的学习。（关于教室的设置，请参考第9章。）

我曾经在ASTD(美国培训和发展协会)参加过一个为期3天的研讨会，那次研讨会的焦点之一是理解培训过程的4个步骤——目的、准备、演示、表演。

那3天令我获益匪浅。其中有一个概念非常关键：当你演讲时，首先要为你的演讲营造一个积极、正面的学习环境。你可以通过营造这样一个环境来确保听众们在开始之前就能对这4个步骤有一些认识。

然后，让每一个人都知道他们的意见是非常有价值的，并且通过把大团体细分成小团体，让听众在小团体的内部进行相互分享。尽可能地为听众提供更多便利，包括在学习中设置一些奖励。

我至今仍然保留着在那次培训结束后颁发的结业证书。试问一下，我们中有多少人会保留会议中或是一次演讲活动中分发的材料？

总体来说，今天的演讲可能和你在成长过程中听到的那些演讲很不同。不同的年龄以及在你们的学习经验中智能设备（或者电子设备）的流行程度决定了那些演讲是什么样的。

我记得，几年前我听过彼得·尚可曼的一个主题演讲，那次演讲是他给一个几百人的写作者团体做的。他创造了一个免费的公共关系工具——HARO（意为帮助报道者报道出来）。

他在当时的演讲中就建议每一个在场的人把他们听到的内容用推特（Twitter）发送出去。他强调说，社交媒体改变了信息分享的方式。所以，他没有把这样的信息分享行为看作是听众对他的轻视或侮辱。

你的听众会在听演讲的时候浏览社交媒体或是发送推文——这种现象现在比以往任何时候都要来得普遍，所以，你可能要学着习惯这种情况，而不是觉得听众一旦这样做就是冒犯了你（当然，你也可以要求听众关闭智能手机，完全专注地听讲。不过，如果有些听众对手机非常上瘾的话，希望你不要反应过度，因为不看智能手机对那些听众来说确实很难做到）。

所以，你首先要发现谁是你的听众以及他们在何种情况下学得最好，这占了理解成人学习的很大一部分。幻灯片曾经在每一场演示中都是标配，但是，如果让听众看到幻灯片显示的长长的、演讲者将讲到的内容的概括后再去听演讲，会显得很重复。

曾经有一段时间，演讲者在演讲中尝试不去使用幻灯片。

幻灯片专家迈克·兰登在他的演示中告诉演讲者们，要更加有效率地使用幻灯片。幻灯片的恰当使用能让糟糕的演讲者变得吸引人，可是，好的演讲者却会因不当使用幻灯片而降低自己演讲的效果。我将在第9章中详细给大家介绍这方面的内容。

现在，要记住的关键点是——成人需要学习的激励，还需要在学习过程中有参与感。作为一个演讲者，你想要听众一直竖起耳朵听你讲，这个要求很高，不容易做到。除非演讲的内容很有趣，否则他们会很容易走神。

而如果你非常努力地准备你的演讲内容，当你站在他们面前的时候，他们会为之惊叹，会倾听、会回应——因为他们想要学，他们真的想要学！

第三章

# 给自己一个演讲的理由

## 为什么要演讲

愿意读这本书的人有不同的原因。其中有很多人是因为他们的老板要求他们做一个演讲，或是关于某个话题他们有很多想法想要分享。于是，他们选择以演讲的方式来与众人分享。

演讲的原因从主动要求到被迫使都有。即使如此，很多人还是会谈到"召唤"这个词——他们发自内心地觉得自己必须要演讲才行。

如果你是认为自己必须要演讲的一类演讲者中的一名，那么，对你来说不需要外来的理由让自己演讲——就像那些认为自己必须要写作或者必须要画画的人一样。

对我而言，写作是一种内心的召唤。每当别人问我写作对我来说困难与否时，我通常都会告诉他们："不让我写才真的很困难。"

不过，不论你是响应内心的召唤去演讲，还是你不得不去演讲，也不管是因为有人要求你去做，工作需要你去演讲或是为了和这位要求者保持一个良好的关系使得你去做这个演讲。当你真的要去讲时，你必然希望自己能做好——如果有可能，最好可以达到优秀或卓越。

想要达到这样的结果，需要勤加练习并投入大量的精力。是的，就像你通过不断地写作使自己成为一个更好的写作者一样，通过不断地演讲，你也会成为一个更好的演讲者。

当然，不是所有的演讲都能收到演讲费的。事实上，在刚开始的时候，你大部分的演讲可能都是免费的。

为了能在你成为更好的演讲者的道路上帮到你，我想请你听一下斯科特·克拉布特里的一些话。他的经历很有趣——他在从事了20多年的游戏和软件制作后才发现自己真正热爱的是演讲，于是就辞去了先前的工作，成为一名就幸福主题进行演讲的专职演讲者。

以下是斯科特·克拉布特里在写给我的一封邮件中分享的一些关于这样一个巨大改变背后的原因：

演讲是我曾经做过的最有回报的事情，因为我感觉到可以通过我的演讲帮助人们改变生活——向着一个好的方向改变。有太多的人企图通过努力工作，然后"当工作完成的时候幸福就会自动降临"这样一种模式来获得幸福。

然而，科学告诉我们，在工作的过程中我们也可以获得快乐。研究表明，在更多的情况下，快乐会带来成功而不是成功会带来快乐。从此我深深地爱上了关于幸福的科学，而且想要把这些讲给全世界的人听。演讲给了我这样的机会去做这些。

让我感觉值得去演讲的原因有一部分是因为听我演讲的人告诉我，我的演讲改变了他们的生活；有些人告诉我，因为我的关系，他们了解了关于幸福的科学（积极心理学、神经科学等），而且他们还在学习更多这方面的知识，并且把所学到的东西付诸实践；有一些人和我分享了一些看似琐碎的体验，例如：

·记得提供给老板更少的选择，这样他对自己最终的选择的满意度更高。

·我现在多任务同时进行的事情做得比以前少了，我感受到更多的"心流"。这种感觉太棒了！

·自打从你那里知道人际关系是打开幸福之门的钥匙后，我现在在人际关系方面的投入更多了，也获得了更多的成功。

斯科特·克拉布里特对演讲的热情让我想起了在当地的一个小学做过的一次系列演讲，那是一个针对几个暑期班学生的演讲。那已经是20多年前的事情了，但现在回想起来就好像发生在昨天。

这些学生参加暑期班是为了提高他们基本的阅读、写作和数学方面的技能。我当时被要求讲的主题是我从一个普通写作者成长为一个专业作者的历程。

在准备演示的过程中，我打开文件柜，找到了我发表的第一篇文章——那是一篇发表在五六年级的班级杂志上的文章。

我把它作为素材运用到了我的演讲中去，并给学生们现场朗读了这篇文章。然后，我对他们说："这篇文章真的有那么好吗？其实也不见得。我相信，你们中的很多人可以写得一样好，甚至比当时的我更好。可是我写出来了，还把写作作为一个习惯坚持下来了。而且，为了写好文章，我做了大量的阅读——我从未放弃过写作梦想。"

我当时还给他们展示了一本我写给孩子们的即将出版的书——《哈密瓜獾》，以及一些已经出版的我写给大人们看的非虚构类书籍。

"你可以成为一个专业的作者——如果你真的希望的话！"我在几次不同的演讲中这样鼓励学生们。

孩子们脸上的表情让我看到——他们被我分享的那些内容鼓舞和激励起来了。我并没有很高调、很强势地表演，我也没有夸大事实，我只是强调——如果他们想要成为作家的话，他们完全可以去写、去读，不要沮丧！

演讲过后的一个星期，很出人意料的是，我收到了从那几个班级寄来的3封信，信上还有一些画——学生们用他们自己的语言感谢我的演讲。我甚至还收到了一个女孩写来的信。这个女孩当时并不在场，但她从其他地方听到了我的演讲，所以特地写信告诉我她真希望自己当时在现场。

那一系列演讲让我感到特别开心的地方是我用这样的方式让学生们相信——只要有这样的梦想，他们完全能够成为一名可以出版书籍的作家，而不是只停留在羡慕我的成就上，就好像我比他们高明很多一样。

通过展示我最初的文章，我想向他们说明的是，我和他们中的大部分人一样；我还告诉他们，要保留好自己最初的作品，而不是让父母来为他们保存；我建议他们将文章存放在自己能找到的地方，比如笔记本或者一个文件夹中，因为这些文章是非常特殊和珍贵的资料。

> 亲爱的扬格女士：
>
> 谢谢你为我们讲述关于写作的内容，你的到访让我很享受，我也从你的演讲中受益匪浅。这是我第一次亲眼看到一位作家，我想我长大以后也想要成为一名作家。
>
> 您真诚的 ×××

这是一个听过我的关于自己写作生涯演讲的学生写来的"证明信"的样本（写信人的名字被隐去了）。

在我和杰弗瑞·古里安交流的过程中，他为我分享了他开始公共演讲的个人原因：

　　我从小就说话结巴，而且很严重，这种状况一直延续到我20多岁。我甚至都说不出我的名字。我的父母曾带我去做语言障碍矫正，可是，这些还是无法帮助我摆脱说话结巴的困境。

　　但是，有一天，我发现当我自己一个人待着的时候我并不结巴。我意识到，我自身并没有什么问题。于是，我决心克服这个难关——因为我长大了想要当一名医生，可一名说话结巴的医生是无法唤起病人的信心的。我也不希望等我老了，等我回顾自己一生的时候发现结巴伴随了我一生。

　　我开始努力行动，我想要参加亨特学院新生班长的竞选。我还想办法让其他同学推荐我成潜在的竞选者，因为学院规定不能自荐。我告诉自己，如果我赢得了竞选，我将不再结巴。因为竞选的胜利会表明大家都是喜欢我的——如果大家不喜欢我，就不会投我的票，我也就不会赢得竞选。

　　我最终赢了那场竞选，可是我仍然结巴。这个结果给我的教训很深刻。我发现，虽然有很多人告诉我说我很棒、我很优秀，可这些外在的认可并没有起到作用。

只有我自己真正认可自己才行。

于是，我注册了演讲的课程——不是语言障碍矫正的那种，而是我必须要上台演讲的那种课程。我想去挑战自己，通过挑战来克服自己对演讲的恐惧感。结果你看，太神奇了！

虽然每次要去做演讲的时候，我都怕得要命，可是我却不结巴了。大家都感到很神奇——我在演讲前和演讲结束后依然结巴，可是在演讲过程中却一点儿也不结巴。我想了很久，觉得可能是因为当我演讲的时候"我是另外一人"——就像演员在电影里饰演一个角色的情况差不多。

在接下来的几年里，我一直在思考我不结巴的那种情况。我把我的想法拆分开来，并且仔细地检查关于自己的种种想法和看法。最后我确信，自己并不需要再结巴了。

后来，我的演讲让人无法想象我曾经是个结巴。而且，通过演讲我也得到了很多。我成了一名美容牙医，一名纽约大学口腔医学的教授，专攻口腔颌面部疼痛方面的研究。我还是一名独角滑稽戏的演员，红地毯上的嘉宾，经常在电台和电视里做节目，还和很多大明星有商业往来。

我还有一个网络电视频道，名叫"喜剧那些事"。在节目里，我采访了很多名人，并做了125次访谈。在镜头前的时候，我一点儿都不结巴。我还教那些结巴的人如何不再结巴，看到那些人不再结巴，就是对我最好的礼物了。

我想要对全世界结巴的人传递这样一个信息——他们完全是有希望的，他们不必为此而痛苦终生。他们所要做的就是拥抱那个不结巴的自己，并用一生时间去扮演这个角色。

至此，我们已经看过了一些要去做演讲的理由。斯科特·克莱布里特分享了他的理由——关于幸福的研究以及如果大家能把他的研究运用在生活中，每个人都可以更幸福。这样的信息传播工作让他觉得自身非常有价值。

我给大家分享的是，我可以通过演讲鼓舞那些有志于成为作家的孩子们。而杰弗里·古里安的故事则给了说话结巴的人以生活的希望。

还有其他关于演讲的理由吗？你也可以和大家分享你所经历的成功和失败故事，让大家从中吸取值得借鉴的经验，或是避开成长道路上需要避开的一些陷阱。

通过演讲，你可以就一个特别的话题与听众沟通较为专业的信息，例如，如何烹饪；如何玩转社交媒体来让自己的生意更火爆；如何发现情绪问题；等等。

你可以用演讲来影响听众的观念，也可以在一场竞选中为一位候选者在学校或社区赢得更多的支持。不论你是想向爱人求婚，还是雇主只给了你5分钟的时间让你陈述为什么你认为自己是某份工作的最佳人选，演讲都可以为你提供最强有力的支持。

## 从演讲到成书

有大量的演讲最后得以成书出版。你在前面已经读到过，这本书就是源于我7年前所做的一个演讲。

我出版的第一本书的书名是《素食者的激情：素食者思想状态史》，是由斯克里布纳出版社出版的。这本书的内容也是来源于我大三时修公共演讲课的过程中做过的一个演讲。

有一个非常有名的现场演讲，它首先是被制作成视频，然后整理成书，随后又被翻译成40多种语言——那就是兰迪·波许和杰弗里·让斯罗合作的《最后一课》。你以前可能听过它，它绝对是一个经得起重复听的经典演讲。

兰迪·波许是卡内基梅隆大学的计算机科学、人机交互及设计系的教授。2007年9月18日，波许教授被诊断出胰腺癌晚期，并且被告知只能活3~6个月了。随后，他发表了那个著名的演讲——"真正实现你的童年梦想"。

那个演讲的视频不是关于死亡的，而是谈了波许教授自己的梦想以及他是如何实现梦想的，还有他的生活哲学。他的演讲幽默感十足，演讲在网络上播出后吸引了数百万人观看。

由这个演讲衍生出来的书是由《华尔街日报》的一位专栏作家，同时也是他在卡内基梅隆大学的一位校友——杰弗里·让斯罗完成的。杰弗里·让斯罗和波许合作，把演讲的内容变成了一本名为《最后的演讲》的书。该书一经出版就登上了畅销书排行榜。

1年半后，也就是2008年7月25日，波许教授因癌症去世，但他却给3个年幼的孩子以及全世界留下了宝贵的遗产——全世界的人都可以从视频上看到他的演讲，还可以从《最后的演讲》

这本书中读到他演讲的内容。

所以，你真的可以考虑把演讲的内容写进书里。你可以对自己的演讲进行深入研究，把演讲中的不同章节归入书的不同章节里去。把演讲的内容整理成一本书的好处是，你将使自己处于活跃状态，还可以把来自听众的那些宝贵的反馈意见作为想法或概念补充到你的书中去。

你的听众就像测试小组，可以对你的想法进行测试。你也可以把听过你的演讲或参加过你的工作坊的听众的案例、趣闻作为有价值的内容放到你的书中。

不过，在使用你从听众那里获得的信息时，一定要非常小心谨慎，尤其是对于那些公司赞助的内部演讲活动。如果赞助你的公司与你事先签过保密协议，那就不能使用那些资料了。但即使是没有签过保密协议，在使用从听众中获得的资料时也要有判断常识，并且要格外谨慎。

你可能考虑过在演讲的时候策划一个匿名的调查问卷：你将调查问卷随时带在身上，在演讲的过程中随机分发给听众，而从问卷中获得的信息，你可以用在将来的演讲中或者是写进书里。

特别是当你答应免费做演讲的时候，会议的策划者对你要调研这件事情大都会持相当开放的态度，因为这样可以让你获得一些补偿。我为一个教育集团做春季演讲的时候就这样做过。

我为这个集团在马萨诸塞州的分公司做了很多场关于"即使再愤怒也不要跟朋友绝交"的主题演讲。演讲过程中我分发了一些问卷，有29位听众填写了问卷。

在分发问卷前，我向听众们明确表明：这个调研是自愿参加的，问卷填写完后将以匿名的形式提交上来。听众如果想继续与我深入交流的话，也可以提供自己的联系方式。

那次演讲过后，每个人都填写了问卷，但是他们很害怕这些内容被其他人知道。

问卷上的第一个问题是"你上次想要对朋友表达愤怒是什么时候？请写下这位朋友是谁以及当时的情境"。他们的回答其实是一种释放和宣泄，毕竟，我演讲的题目是"即使再愤怒也不要跟朋友绝交"，而那些付费来听我演讲的听众大都是对这方面话题感兴趣或有困扰的人。

填写完问卷中的问题后，他们还可以在问卷结尾处的空白部分写下自己更多的关于这个话题的评论，然后交给我。

的确，听众可以通过这样的方式有效地宣泄一直埋在心里的情绪和压力。

我将在已经开始着手准备的关于友情的新书中使用这样的一些调研结果。当然，除了演讲现场的调研，我还会使用一些和这些参与调研的听众后续沟通时得来的资料。

## 娱乐

这是最后一点，不过，这并不代表这一点不重要，你也可以使用演讲来娱乐大众——无论你是不是一个独角滑稽戏演员、歌手，或是玩杂耍的。管你是要做一个45分钟的演讲，还是只在开场时调节一下气氛，这样的演讲总是有用的，因为你可以让听众笑出眼泪，或是充满激情地欢唱。

第四章

# 做好一场演讲需要什么

每场演讲都会有以下3项必不可少的组成部分：

· 开头。

· 结尾。

· 你在开头和结尾之间分享的内容以及想要让听
众强化记忆的内容。

请牢记，在进行一场演讲时，开头一定要强有力，结尾也要
有力。当然，中间部分也不能让听众失望！

演讲和写书不一样，写书的时候，你可以就某一论点写上好
几页，而演讲的时候，你必须在最初的几分钟内赢得你的听众。

对听众来说，听演讲与看书之间有巨大的差异，这样的差异
是发达的网络造成的。由于网络的发展，信息传播的方式、速度

都发生了天翻地覆的变化。相较以往，由于听众们学习方式的改变，也使得演讲发生了很大的变化。

这一点，是全美演讲协会分享给我的——从他们修改过的介绍方式里也能看出来。几年前，被协会要求在年度会议上做关于外交权的分会会议演讲时，他们告诉我，对于演讲开始前的个人简介环节，不需像以往那样花很长时间。取而代之的是演讲者的个人介绍被写在了会议主办方下发的材料之中，听众可以自行阅读。经过这样的修改，演讲者只需花约1分半钟介绍自己即可。

如果你之前就对演讲感到恐惧，你可以细想一下这种在1分半钟内要给听众留下难忘的印象的压力。

就像电视节目如果精彩，你就不会换到另外一个频道去。当你演讲的时候，你也需要赢得听众的心，这样他们才会把他们的时间（很多情况下也是他们的金钱）用在听你的演讲上。

尽管如此，但无须害怕，更不必担心。在第七章中，我们会详细讲述如何在1分半钟的时间内做一个令人难忘的开场白。开场白的材料和如何创造、如何讲好一个主题演讲有关。

主题演讲是一种最具挑战的演讲，因为在这种演讲中只有你和听众这两方，你要在45分钟（最多是1个小时）的时间内让他们感到惊叹。不过，你依然希望在每一场演讲中都能有一个强有力的开头。不论是一个一天的研讨会，还是一个45分钟主题演讲，甚至是为"月度明星员工"祝酒时你被要求说点儿什么的时候。

让那开头的1分半钟真正起到作用的，是你和你的背景。但如果你事前对听众的情况有所了解，你也可以讲一些对听众来说特别感兴趣的内容。这就是说，在你站在他们面前演讲之前，事先要对他们做一些了解。

关于这个话题，我会在后面的部分接着展开，并给你一些事先了解听众情况的建议。

## 开始吧

在第一章里，我要求你在练习演讲的时候录制一段短视频，或是找出一段你最近演讲的录像。现在，请拿出一些时间来回顾这段视频或录像，看一下视频中的自己，问自己——

你看起来自信吗？

你的声音够响亮吗？

你有足够的热情吗？是只有一点点还是很多？

你选了一个什么样的话题来做这样一个演讲的样本？

你说的内容中，你认为有哪些令人印象深刻的点子、句子或是单词？

你在阐述观点的时候有没有用到讲故事、统计数据或是引用一句名言等方法？

## 如何准备你要做的演讲

在第七章中，我会和你详细地讨论一场演讲的开场、中间环节和结尾。现在，你有必要知道，为了让听众感觉你像是事先毫无准备，也就是说听上去你说的话好像是不假思索说出来的，你需要事先做很多准备，这样才能让你的话听起来像是自然而然说出的。

有3种基本的方法可以使用：

· 提纲法。

· 关键词法。

· 准备好你的演讲词。

以上的方法都有其优势和劣势，但你的准备工作并不限于使用一种方法。我倾向于轮流使用以上的3种方法。我还会使用第4种方法——就是将这3种方法综合起来加以运用。

先把整篇演讲内容写出来，然后把演讲的提纲整理出来，再将演讲中可能要用到的关键词记下来。这样，在需要用的时候，就能记得起具体的引言和例子了。

所以，先写下整篇的演讲内容，再列出提纲和关键词，这种方法是最适合我的。它可以让我演讲的时候像是即兴讲出的一样。同时，演讲的内容又条理清晰、知识量充足。

我前面提到过，我演讲的内容是可以扩充成一本书或是一篇文章的。如果你在做准备工作的时候也使用了"写出来"这种方法，那么，这种情况发生的可能性很大——写出来的演讲稿件可能会成为你文章的初稿或是一本书中的几个章节。当然，你也可以把一场演讲的提纲变成一本书的基本内容，这对你把全部内容写出来也是一种推动。

你可能会问，演讲的时候可以看一下演讲稿吗？尽管不存在明确的要求，但如果你可以做到不去看稿纸或是提示卡上的内容当然更好。话虽如此，但在有些情况下，你也需要灵活应变，这需要你自己去判断。因为如果为了演讲的效果考虑确实需要这样做，那么，为听众朗读一段内容将会成为你演讲的加分项。

比如，几年前我做了一个关于友情的演讲——那是在新泽西州筹款午餐会上的一次演讲。我将演讲的内容列出提纲，在演讲过程中完全不需要去看笔记。但我觉得，在演讲的结尾最好能给听众分享一首我写的名为《友情换位》的诗歌——那也是我的一本书的书名。

在演讲的现场，我给听众读了那首诗。当然，我并不是一味地低头盯着稿纸，我会时不时地抬起头来同观众进行眼神交流，而且我的声音也充满了感情。

那首诗是用讲故事的方式写的，我感觉非常有力而神奇——作为一个演讲者，在朗读的时候，我能感觉到听众在仔细聆听，紧紧追随着我说出的每一个字——那是一种听众与我同在的感觉，我当时觉得荣幸极了。

我用这样一些句子来结束我的诗歌，同时也结束了那场演讲：

> 是的，友情会发生换位，
> 那很正常。
> 只要你有至少一个好朋友，
> 坐在他紧挨着你的那张凳子上，

这样我们两人就永远不必孤单，

除非我们自己希望那样。

读完这首诗，就是休息时间了。很多听众走上前来告诉我，我的这番演讲对他们来说有意义极了。并且，当场我还售出了98本与此次演讲主题相关的书——这说明听众不光被我的演讲所打动，他们还想知道更多。

### 谁是你的听众

很幸运的是，那次午餐会的时候，会议的策划者为每一位参加午餐会的人员发放了卡片，他们要求参加者在卡片的背面写上一个想要我来回答的关于友情的问题，并且要求参加者在写完问题后把卡片交上来。

当然，如果能在演讲的前几天拿到这样的卡片，或是演讲开始前的几小时，甚至就在演讲马上开始之前拿到这些卡片都是非常好的。因为这样我就能有时间快速地浏览一下卡片，在知道听众的问题和预期之后，我可以在演讲中尽量满足他们的需求。如果听众的问题真的有出乎我意料的地方，我也可以事先做出一些调整。不过，幸运的是，那天收集上来的听众希望我回答的那些问题，我在演讲中都有提及。

如果你有机会事先发一个演讲前的听众调研，你尽可以那样去做。

附录中有一个听众调研问卷的样板，你可以用电子邮件或者信件的方式发出去，还可以创造一个在线的调研项目。

我在过去的一年中，使用 www.surverymonkey.com 这一调研网址给准备听我演讲的听众填写问题，你也可以使用其他的在线调研网来做你的在线调研。

这里有一些要问的基本问题：

姓名（可选）

公司（可选）

地点

你最希望该演讲举办的地址？

你之前有没有听过关于这个话题的其他演讲？

如果有的话，是什么样的演讲，你是在什么时候听的？

任何关于你的或者关于你即将要去听的演讲，有什么你觉得有用的信息要与我分享？这样我在准备演讲的时候可以尽量照顾到更多人的关切，以便演讲的内容对你来说是有用的。

请将这份演讲前的调研问卷以电子邮件、传真或信件的方式上交。你可以以匿名的方式上交问卷，也可以选择公开你的联系信息。

请写明是否愿意接受后续的沟通——不论是邮件方式或是电话方式。如果接受，请写上你的联系方式以及方便的联系时间。

提前感谢你，希望在不久之后可以见到你。

以下，是我在演讲前寻找听众的7种方式：

1.采访要求你来做这个演讲的人。

如果不能面对面见到这个人，那就使用手机联系对方。问她/他预计哪些人会是这场演讲的听众。他们的顾虑是什么？这些人期待从你的演讲中获得什么？如果是一个非虚构的主题，最近发生了些什么事情，或者是什么过去的事情或未来的事件使得她/他想邀请你来讨论这个话题（例如公司的变化、行业的变化或者是协会的变化）？

如果你很早就采访了这个人，请在演讲开始前一周到两周的时间内再采访这个人一次。

2.提前采访听众成员。

你该怎么做呢？这里有一位来自伦敦的演讲者，同时，他也是一位媒体专家——阿兰·史蒂芬，他谈了为何事先尽可能多地了解听众的情况是如此重要，以及这样做的方法：

不论你将要去做的演讲是什么类型，特别是如果你要在一个协会的分会上做一个演讲，你需要事先做一些关于听众的调研。

很多演讲者会在他们演讲的主题上耗费大量时间。这无疑是重要的，但是，演讲最终的好坏是由听众来评判的。如果听众们对某一个领域有特别的兴趣，你需要了解这个领域，并找出他们的顾虑，然后给出有价值的建议。

你如何找出这些信息呢？在演讲前的几星期，可以向会议组织者索要会议出席者的信息，包括他们的联系方式。和这些会议出席者取得联系，问他们这些问题。就这么简单。

3.看一下会议出席者中是否有人不愿接受书面调查。如果有，在演讲前联系一下这些人，进行一个简短的调研。

如果可能的话，也可以通过电子邮件、手机或是一对一的交流跟进了解。

4.如果你要去一个特定的公司做演讲，事先访问一下这个公司的网站。

研究这家公司的年度报告，和这家公司的雇员聊一聊，也可以找这家公司人力资源部的人来谈一下。另一方面，也可以阅读一些关于这家公司的文章。

5.在演讲前半小时左右到达会场，这个时候听众也开始陆续到达了。给他们分发一些简短的调研问卷，请他们在演讲开始之前填写。

将听众填写好的问卷收集上来，在演讲开始前快速地浏览这些问卷的内容。问卷中应当包含一些关键的问题：

·姓名

·职业

·你最希望该演讲举办的地址？

·关于自己，你觉得有什么要与我分享的？

·你之前有没有听过关于这个话题的其他演讲？

·如果有的话，是什么样的演讲？

6.不要害怕事先了解你的听众，即使在演讲的现场，你也可以尽可能多地收集关于听众的信息。但你在做的时候一定要小心、仔细地判断情况。如果你走进一个房间，发现里面全是做推销的人，他们兴致勃勃地谈论着明星绯闻和旅行的文章。我想这恐怕是你最不愿意看到的吧。

不过，如果你的时间真的很紧张，那么，不妨先花一点儿时间让听众分享一下他们的问题或观点，这样你就能对他们有所了解。随后，你再接着去讲主要的内容——根据前面你了解到的听众的情况略微做些调整，观众会更容易接受你的演讲。

7.如果你事先问主办方要了活动挂图和记号笔，而且现场的听众在百人以内的话，你可以在活动挂图上写上答案给大家看。

这里有一些你可能会问到的问题，我将其列出来以备参考：

· 到目前为止你遇到的关于_____最大的挑战是什么。(这里填上你被要求演讲的主题，比如如何提升销售技巧，如何与同事相处，如何进行公共演讲，如何使用社交媒体、增加你拥有的客户的数量，等等，这些都可以。)

· 你完成工作的过程中发现的最有用的一种方法是什么？

· 如果你可以改变工作的一项内容，那会是什么？

· 关于你的工作，对于你所在的公司，你希望行业外的人了解的它与其他公司的与众不同之处是什么？

· (在社区里，与工作无关的场景下) 你所在的协会 (或是俱乐部) 和其他的协会 (或是俱乐部) 相比，能吸引你参加的原因是什么？

· 你的协会 (或是俱乐部) 今年取得的什么成绩让你感到无比自豪？

听众永远是你的世界的一部分，当演讲结束的时候，你与听众的联系万万不可切断。

这也是演讲相比于写作的最为独特的地方——你有机会让你的听众参与其中，不光是在演讲的过程中，结束后也可以一直持续下去。

当然，如果读者成为作者的忠实粉丝，经常去参加作者的活动或是读作者的其他作品，或是发推特或是邮件评论作者的作品……在这些情况下，作者和读者也会持续交流互动。但这种交流互动的方式和听众去听一场演讲并在现场和演讲者对话的方式是十分不同的。


## 让你的听众参与进来

我参加过一个演讲，会场容纳了1000多人，演讲者是一位顾问、商业权威，同时也是作家——马歇尔·戈德史密斯。即使过了这么多年，我依然清晰地记得他当时所做的一切——他让现场的1000多人都参与进了他的演讲。

是的，参与。那令人印象非常深刻，因为当时总有人告诉我类似的话："如果工作坊的人数超过15个，你就不可能让听众全都参与进来。"总之，在此之前，我的认知就是——参与到演讲中的听众人数上限为15个人。

但是，马歇尔·戈德史密斯却让当时在场的1000多人都参与了与自己的互动。他是如何做到的呢？答案说出来很简单，简单到让我觉得我之前没能想出来是件非常尴尬的事情——他要求现场的听众转向坐在右边（或是左边）的听众，这样现场的观众人数一下子就从1000多人变成了500多对——如果听众能组成对，那你就能让他们都参与其中了。

现在，让我来介绍一下要听众参与演讲的原因（同样，如果时间允许，对于某场特定的演讲来说，在演讲的最后设置一个问答环节也是相当不错的主意）。其实原因有几方面。拿我刚才举的马歇尔·戈德史密斯演讲的例子来说，通常，我们对于自己参与做的事情比只是单纯听到的记忆要深刻些。

我在做主题演讲或是办工作坊的时候，通常用来调动听众参与其中的方法是——请其中一位听众选择一位对他来说完全陌生的听众，然后让他花3分钟左右的时间去和这位陌生人交流，最后让其列举出他们两人身上至少3处共同点。

这一招很管用，可以用来调节开场时的气氛。而且，这个方法也切合我经常演讲的那些主题，比如工作关系、友谊关系等。这个方法还说明——只要有机会，人和人之间的连接可以在任何情境下发生。并且，两个完全陌生的人之间只要愿意去寻找共同点，他们总是能发现一些共同之处的。

你可以看一下《诉说，而不是培训》这本书，这个书名我感觉非常好。书名简洁有力，可以直接把你的思维带到一个新的地方。对读者来说，看一下书名就可以了，都不用去读里面的内容（当然，作者那么辛苦地写了180页，肯定不会同意书名就概括了全书的所有内容）。

很多演讲者会同他们的听众进行联系，不论是反馈还是评论或纯粹只是保持联系。这样做的演讲者中有一些是充满真诚的，而有一些只是因为这样的举动可以使他们看起来很和善——当有的听众真的和他们联系后，他们实际上是完全忽略听众的。

我的建议是，如果你根本不打算回应听众，那么，你在开始的时候就不要邀请听众联系你。不要让你的话听起来虚伪而不真实。如果你说了，那么就要做到。

还有，如果在200位听众中有10%的人应你的邀请来联系你，这需要花费你很多时间进行一对一的沟通。为此而投入的时间和精力是否值得，你必须提前考虑好。

对一位演讲者或者是任何需要你去做演讲的职业，例如作家、学者、商业管理者、企业家、小业主或者是协会的总监等来说，你越早将听众作为你演讲的一部分，对你就越有好处。

对于演讲者来说，听众应该是演讲的一部分，是听众让演讲呈现出其最终的样子，听众才是演讲中最棒的一部分。所以，对于演讲者来说，不要害怕、厌恶听众。

如果同听众打交道对你来说真的特别困难，那你需要考虑学习一些有关沟通技巧的课程。这是个性的问题，而和听众打交道是一种艺术，同样也需要技巧。让自己在和听众打交道时感到舒适，这对于一个想成为合格演讲者的人大有益处。

## 使用你自己的声音

这句话看起来完全是多余的，但是它确实是每一位演讲者都要考虑的。

我说过，从合适的想法开始很关键。在下一章《伟大演讲的十二个奥秘》中，我会讲到——如何用合适的语言把你的想法表达出来很关键。这里说的"如何"包括演讲者的口音，而这些口音会对听众理解演讲的内容造成困难。当然，这还取决于听众是怎么样的人，他们对演讲者的口音是否熟悉，以及演讲者声音的高低和吐字是否清晰，这些或多或少都会对听众造成一定的影响。

如果你对如何把内容说出来感到困难，你可以自己想办法解决，或者是请一位演讲教练来帮助你提升这方面的能力。当然，在第九章中我也会谈到，一套运作良好的音响系统会让现场的情况变得格外不同——它可以决定你的声音是否能被礼堂后排的听众听到。

可是，即使有最好的音响设备，如果你吐字含糊，或是发音无力，那么，原本会对听众印象深刻的演讲就会变成一种受挫的体验，更有可能让听众对你大失所望。听众如果连你的话都听不清楚，更不用谈他们对你的接受或者重视了。

使用你的"声"，也意味着可以利用"无声"来突出你的一些优势。我记得几年前去纽约市参加过一个NSA俱乐部举办的演讲会。我已经不记得当时的演讲者是谁了，但是，他在演讲中确实做到了这一点——我仍然记得那个细节——当时现场的听众鸦雀无声，使得他的演讲效果棒极了。

仔细思考一下这个概念"我们将会停顿片刻，安静无声"。这种方法可以将我们的注意力聚集到一个点上。例如，某个团体的人用全体默哀的方式来纪念那些逝去的人。

你可以在演讲中加入1~2次这样的"沉默的片刻"——在适当的时候稍作停顿，会为你的演讲加分。而且，这样做还可以避免让听众觉得你是一个口若悬河的人。

## 和听众做眼神交流

这是另外一种可以使你同听众有效连接的方式，你可以通过这种方法将你的想法、讯息、信息清晰地传达给你的听众。

但当你在网上做在线研讨会，或是通过手机做讲座，或是面对着数量过于庞大的听众，又或是现场灯光太暗——除了前排，你什么都看不到……假如你遇到的是以上这些情况，和听众做眼神交流就相当困难了。

但是，一旦你可以和一部分的听众做眼神交流，这对你而言将会是良好的演讲体验。而且，对你的听众来说，这也是一种连接性更好的听讲体验。

这里有一段文字，是一位名叫弗朗丝·赖卡特的职业演讲者的感想——他同时还是阿姆斯特丹的一名客户关系顾问。他跟我分享了他是如何认识到眼神交流的力量的，以及他与听众进行眼神交流的方法：

在经历很多年的公共演讲之后，我才学会如何在演讲中睁着眼睛。我觉得这是演讲成功的关键因素之一。任何演讲者都可以这样做，而且会很有效。

我很高兴能和你分享这个方法。

在之前的一个课程中，我学到了一种和听众迅速连接的简单技术——看着他们的眼睛！

我记得，当时，我们的老师请我和几位同伴起来演讲，但他当时却看着听众中另外一个人的眼睛，而且时间持续了不止一秒钟——是好几秒钟。然后，我们都回过头去看那个人。

这并没有想象中那样容易。我们大部分人都不习惯于盯着一个陌生人的眼睛，尤其是还不止一秒钟。因为我们接受的教育是：长时间直视一个陌生人是不合时宜的，这样做会显得自己很鲁莽或是会冒犯到这位陌生人。

但是，作为演讲者，我们却需要那样去做，而且需要一次又一次地去做。

起初，我们都会觉得挺不自在的。渐渐地，我们发现自己同那个被直视的人有了连接感。来自听众的反馈也告诉我们，当我们直视他们的时候，他们感觉比之前有了更多的连接感。也就是说，这种方法对演讲者本人和听众都起到了作用。

在演讲中，我会使用这种小技巧，以确保自己可以关照到所有的听众。通常，我会先看左边区域的听众，再看中间区域的听众，然后是右边区域的听众。

或者，我会先看前排的某位听众，再从后排选听众。或是将顺序倒过来。总之，我会确保自己的目光不停地扫视全场。

## 使用肢体语言

一般而言，我们对于某件事或者某个人的了解多是通过他们说的话。但是，实际上，其中大量的信息是非语言的。例如，某个人站立的方式，某个人的音量和柔和程度，他们的穿着、举止，还有前面提到过的停顿或是沉默，这些都会透露出一些潜藏的信息。

演讲者要训练自己检视来自听众的非语言暗示，从而了解他们的想法或是自己被接受的程度。弄清听众的心情，可以使你从侧面了解到自己的演讲是无聊的还是让人欢欣的，抑或是焦虑的或使人气愤的。

但是，如果在你身上打上一束强光，让你清楚地检视自己的站姿、穿着，你就会发现一些意想不到的信息：如果你把双手放在胸口，那很可能意味着你很难接近，想要保护自己；如果你站姿笔挺且充满自信，可表情却看起来很冷淡，那你很可能不想让听众知道你很害怕，所以你通过自己的姿态、声调、停顿和沉默等一系列的肢体语言来掩饰内心的焦虑与恐惧。

第五章

# 伟大演讲的 12 个奥秘

我会指给你一条简明的道路，帮助你开始演讲生涯。如果你能掌握优秀演讲者所拥有的12个奥秘，你也一定能树立起自己的信心。

## 奥秘1：从你的想法开始

忘记你要说的文字，或是你打算在演讲中使用的用以令听众耳目一新的道具。你的第一步是在脑海中勾勒出你想要和大家分享的观点和想法：

- 你的世界观是什么？
- 你想要告知大家的信息是什么？
- 你在演讲中想要说什么？

· 你想要听众听了你的演讲后了解哪些内容？

"戈尔巴乔夫先生推倒了这堵墙。"罗纳德·里根在他那次不朽的演讲开头是这样说的。这句话此后经常被人引用，因为它是里根总统演讲内容的精髓。

你需要持续不断地研究，你需要不停地观察人群，还要对世界的变化保持知觉。你不能让你的观念陈腐落后，也不能容许自己去做一个内容陈腐的演讲。

你必须要拥有世界上最好的演讲技巧——声音足够响亮，能让后排的听众也听到；你要让自己在台上看起来自信十足；在演讲中，你必须设法同听众建立连接，通过眼神的交流让他们喜欢你，竖起耳朵听你演讲。

但是，如果你演讲的内容本身不够令人兴奋、不够前沿、不够独特、不够有力，也没有给人留下深刻的印象，那么，我前面所说的这些演讲技巧都不会对你起作用。

好的演讲首先是从演讲的内容开始的。有些演讲者会通过讲故事的方式分享自身的经历；另外一些演讲者则会在演讲中提供一些听众难以找到的统计数据或信息。

不论你的演讲是5分钟还是45分钟，是3小时还是3天，你都要让听众觉得他们花这些时间是值得的。在演讲中你至少要给听众带去一点儿能让他们觉得有所收获的东西——而在他们走进演讲会场前，或是打开电脑参加线上研讨会之前，这一点是他们所不知道的。

如果你能做到这点，那你就能成为那种令人感到新鲜的、有价值的、能改变世界的演讲者，同时也会是一位好的倾听者。

史蒂芬·R.柯维有一本经典的著作——《高效能人士的七个习惯》。他在那本书里提到的第二个习惯就是——"开头的时候就要把想要达到的效果牢牢地记在心中"。

我们借用史蒂芬·R.柯维的这个概念来找寻关于演讲的奥秘，那就是——在你准备演讲的时候就要把听众放在心中。再向史蒂芬·R.柯维的概念靠近一些讲，就是你在准备演讲的时候，要考虑哪些内容是可以在演讲结束后被听众收获并汲取的。

当你被要求去做演讲的时候，你也希望能清楚地知道对方要求你说些什么，这一点显而易见。但是，有时候还是会发生所准备的内容与会议策划者想要的衔接不上的情况。有时候还会发生听众拿到的演讲宣传资料与现场听到的内容不一致的情况。

你对此可能会不以为然，认为不论怎么样，好的演讲就是好的演讲。但是，要知道，主办方预告的演讲主题与听众们实际听到的相一致，才是一场好演讲的基础。

## 奥秘2：把你要演讲的内容写出来

一场演讲要有开头、中间和结尾。当把演讲的内容写在纸上，或者是列一个提纲出来，你就会觉得事情没有那么难了。

同写好一篇文章一样，想要做好一场演讲，需要一个强有力的开场，而中间的案例和最后的收尾也要有力。

如果你的书面演讲稿内容非常沉闷无聊，那么，在你把这些内容说出来后，想呈现一场很有吸引力的演讲的可能性会非常小。

在电影剧本创作领域，人们说，如果（某些内容）在剧本上没有，那么在屏幕上播出的时候也不会有。演讲和电影剧本创作的概念十分相似：虽说你可以即兴发挥或是不受到任何限制地去表达，但是，要使你说出来的内容更加完善、更有吸引力，最好还是通过列提纲或草拟演讲稿的方法。

这并不是要你把演讲稿念出来。尽管有些演讲者确实需要时不时地看一下演讲稿，以确保演讲保持在正常轨道上。而对有些演讲者来说，PowerPoint是一种能起到提示作用的好工具，它可以确保演讲处于正常轨道上，这部分内容我会在下一章中谈到。

播报新闻的播音员常常会使用到提词器，那是一种能起到提示作用的机器，而又不会被听众们知道——他们其实是在看那些提示的内容。

实际上，使用提词器的播音员与使用PowerPoint的演讲者是很相似的——他们不需要背对听众就能看到提示的内容。

如果你是一名作家，那么，你就会比那些不是作家的演讲者更有优势——你可以把演讲稿写出来，因为你知道如何才能把它写好。并且，你还知道一些其他演讲者很少会知道的事情：一篇杰出的稿子通常需要一次或者多次修改才可以真正使用——它不是一蹴而就的。为了使你的演讲或是某些观点达到你想要的那个"点"，你需要不断润色、修改，直到它最终达到你的预期。

这里还有一个公共演讲最大的奥秘——你可以雇用一个人来为你写演讲稿。

演讲稿的写作和其他的文书写作不太一样，这是一种最具挑战的写作类型。演讲稿写手通常要价很高，如果他们在公司任职或是在政府部门工作的话，那么，他们的工资一般也会很高。

你也可以雇用一个专职从事演讲稿写作的写手，当然，还可以自己起草演讲的草稿，然后雇用其他人来帮你做一些调整、编辑或是润色的工作，让内容看起来更有力、更完善。

雇用演讲稿写手来写演讲稿，或是请人帮你修改演讲稿，二者之间的差距可能会从不到一百美元升至几千美元。这是一个可选的选项，除非你认为你的演讲稿必须由自己亲手操刀。如果那种写稿的能力正好是你所缺乏的话，雇用一个专业的演讲稿写手也是可以的。

但是，你绝不能雇一个人来替你演讲。我至今还记得10年前一个图书出版人的丑闻——他企图雇用一名出色的演员替一名作家去做媒体访问——原因可能是因为这位作家看起来并不那么有魅力或是不太会应对媒体。结果适得其反，因为公众认为他们受到了欺骗。

虽然听众和媒体都相信所有演讲者的演讲稿都是他们自己写的，不过，如果演讲者实在缺乏写作演讲稿的能力，雇用演讲稿写手也是可以的。但是，出于道义，演讲者应该点明该演讲的内容是由演讲稿写手写的，或是由他们做过修改。

如果你要去做的是一个鼓舞人心的演讲而不是一个知识性的演讲，你的风格、内容就必须和你做教育演讲、告知演讲时不同。但是，无论是何种演讲，优秀的公共演讲的基本原则是一致的——清晰、有趣、令人印象深刻。

无论你是在朋友的婚礼上致祝酒词，还是在专业领域内面对着300个听众演讲，这些基本原则都同样适用。

## 奥秘3：聚焦于自己如何说出来

这一点可以很好地区分开优秀的演讲者和失败的演讲者。从某种程度上来说，这是一种自然偏好。但是，好在，这项演讲技能可以通过你的努力得以提升。

学习即兴演说可以帮助你增加站在人群前演讲时的自信。查看一下你所在的地区是否有即兴演说的团体，这样你就可以观察或学习，甚至是加入这样的团体。

即使你并没有计划要成为一个职业的独角喜剧演员，学习独角喜剧也能帮助你在听众面前感到更舒服、更自在。

你可以和一位教练一起学习如何在听众面前表现得更好，同时参加一个公共演讲的课程。

在这本书中几次提到，你可以考虑参加你本地的Toast-ermasters演讲俱乐部，或是你所在地区或国家的演讲协会，比如全美演讲协会或是新加坡的亚洲职业演说家协会。

## 奥秘4：了解听众的情况

我们在前面的章节中谈到过这个问题。在这里，我还有这样一些建议：

你可以通过演讲前的调查提前了解你的听众；

你也可以请会议的策划者帮你介绍他们的协会或是听众；

如果是一个公共的研讨会，你事先可能无法预知哪些听众会来参加，那你可以利用演讲开始前的这一段时间询问一些愿意分享自己喜好的听众的情况（一些在电子器具方面特别在行的协会或是公司，还有那些有充足预算的组织，会去租用"听众调查系统"，这些系统能让参与者在手持设备上回答问题，答案会直接显示在屏幕上。如果公司希望看到员工的一些心理趋势，这种方法是很有用的。而且，这种方法即使是在一间挤满了人的屋子里，也能保持回答者的匿名性和保密性）。

## 奥秘5：提前准备好一份自我介绍

对"为什么是我"这个问题给出答案。

你可能在某个特定的领域有很高的声誉，但是，你需要让新的听众来认识你，让他们感觉你才是那个最合适与他们进行分享的人选。

作为一名演讲者是一种荣誉，而这份荣誉可不是那么轻易就能获得的。让听众对你产生信赖的最好的方式就是，在自我介绍的时候突出你和这个演讲主题相关的成就——这样听众就会为能来听你的演讲感到万分幸运。你一定想避免哪怕只有一名听众认为"怎么会是这样一个人来给我讲这些呢？我都能讲得比他好"的情况发生。

如果可以的话，千万不要轻视自我介绍这个环节。如果你访问职业演讲者沃伦·格莱许的网站，你就能在"媒体区"找到并下载他的自我介绍，这样你就可以学习到沃伦是如何做自我介绍的。

如果你在网站上没有类似的介绍视频，那你可以考虑制作一个，并提前发给演讲会主持人。另外，演讲的时候别忘了随身带一份介绍自己的材料，以防会议策划者或是其他要介绍你的人忘记带了。

做一个完美的关于你和你的演讲的介绍，让听众选择留下来听你演讲，而不是觉得无聊转身走掉。而且，还要让他们觉得你就是那个应该为他们发表演讲的人。

尽管如此，你还是得记得我所获得的经验：不要进行冗长的自我介绍，一分半之后就要进入正题。你要谨慎地对待自我介绍的环节——介绍内容的长短和演讲的总体节奏要适合你所面对的听众群体才行。

## 奥秘6：练习、练习、再练习

这一条看起来根本不需要再说，但是我还是要重复一遍：事前做好功课。不论你是把演讲的内容都写出来，还是只写一个提纲，总之，你要对用到的资料有清晰的了解。关于两种方法的利弊，我已经在前文中谈过了。

你要尽量避免即兴演讲，因为那些事先什么都没有准备的人，要么是非常害怕演讲的人，要么就是很难给听众带去足够的新鲜内容的人。

你应该知道那个古老的笑话，有人问："怎么样才能去卡内基音乐厅？"是的，那个纽约曼哈顿的不可思议的音乐厅。

答曰："练习，练习，再练习。"

如果你想在演讲方面达到更高的水平，这也是你最需要做的——不只是泛泛地去讲，而是要做特定的练习。

这件事情可没有你想象的那么容易。尽管大部分的人都很喜欢说话，但大多数人都不怎么喜欢听到自己的声音。我们不喜欢去看自己演讲时的录像，甚至对影像资料也不怎么喜欢——尽管我们很喜欢展现自己，或是在电视中接受采访。

你需要勤奋地练习，才能提高自己的演讲技能。

如果可能的话，要大声地练习。如果不行，最起码也要在你的头脑中反复练习。

你需要在镜子前练习。

你需要在听众前练习。

你需要录下自己演讲时的情况，然后回看这段内容，去分析演讲中的得失，以及还有哪些不足之处需要你改进。

演讲前的准备工作越充分，你就越能够脱开演讲稿或提纲去讲，这样就有可能出现"神奇的时刻"，可能会有精彩的临场发挥。

练习不一定能达到完美，但它一定能带给你更多的自信。

这里有一段伟大的演讲家、会议策划者——多蒂·沃尔特和他女儿莉莉·沃尔特在其经典书籍《演讲致富》中所写的关于练习的内容：

　　演讲者必须让自己在舞台上表现得非常好，才能得到付费演讲的机会，才能得到更满的档期——这是职业演讲者的底线。如果你充分利用好准备的时间，就一定可以更好地控制自己的恐惧，从而有最好的表现。

　　彩排不只发生在演讲的会场中，还可以在你头脑里的那个"大礼堂"中进行。你能听到人群的喧闹声、笑声，还有掌声。当你在意念中说出一句精彩的话的时候，你要微笑着转向你想象中的那群听众，对他们咧开嘴笑。这样，当你真正面对听众去演讲的时候，就可以散发出惊人的自信。

　　如果可能的话，在真正演讲前拿到一些练习的反馈意见。这将有助于改进你的演讲，甚至促使你做到最好。要怎么样才能拿到反馈意见呢？你可以和一位演讲教练一起练习，这样演讲教练就可以给你一些反馈意见。你也可以在朋友和家人面前练习，请他们来谈谈意见。但是，如果你要演讲的话题不是你的家人或朋友有能力回应的，你也可以去公共场合练习。但这也可能使你没办法得到听众的反馈意见。

你也可以查一下，看看有没有职业演讲家或沟通专家正在开设那种有表演环节的工作坊——这种方式也可以使你得到专家的帮助，而且，也会比一对一的演讲教练的费用更能让人承受。

你也可以选择成为当地Toastermaster俱乐部的成员，这也是一种练习演讲的好机会。同时，你还能得到一些较为专业的反馈和建议。

到目前为止，在听众前表演独角喜剧也是免费的。但是，现在这样做越来越难了，因为听众中可能会有人用手机把表演内容拍下来并上传到YouTube网站上去——本来可能只是一个余兴节目，结果却弄到全世界的人都看到了。

不过，如果你认为这种方式不会使你出丑的话，这倒也是一个机会——你可以把听众聚集起来，运用你准备好的材料练习演讲，然后得到他们的反馈。

## 奥秘7：适当地分享一些关于自己的内容

听众通常喜欢听到和演讲主题相关的趣闻轶事。但千万记住——别全程都谈这些趣闻轶事。要学会用你个人的趣闻轶事来服务你的演讲，但要记得在演讲中控制这部分内容的比例，以及想好你之所以想分享这些内容的原因。不要因为你没有准备其他的资料，或是由于你很紧张，就去大量分享关于你自己的那部分内容。

你向听众分享的个人生活或工作中的趣闻轶事，往往是令听众印象最深刻的点——但这些只能成为你演讲的一部分，也是你的经验和智慧的一部分，你还要用其他的例子和观点来加强或是与之对比，这样才能使演讲的内容听上去不全是关于你自己。

在这方面，有一个很好的例子——高山滑雪奖牌获得者——邦尼·圣约翰，她在亚特兰大的一个会议上面对众多"冲突解决"专家发表演说。我也是受邀在这次会议中演讲的人之一。听了她的演讲后，我很受启发。

她是那天主题午餐会的演讲者，给大家分享了她关于毅力的一些想法。

她分享的是自己从一个只有一条腿的少女一路成长为一个滑雪运动员的经历，这在听众中引起了强烈共鸣。但是，她在演讲中并不是单纯地给听众讲她在比赛中遭遇的困难和挑战——在赛场上摔倒，花了很长时间才再次站起来，由于这个原因她只拿到第3名。

相反，她用这样的一段经历来分享自己的处事原则：

重要的不是你是否摔倒了，而是你花了多久的时间爬起来重新回到赛场。显然，对于这个准则，包括我在内的每一位听众都可以运用到滑雪或是运动项目之外的个人生活和职业道路中去。

## 奥秘8：让听众参与进来

这个观点在哈罗德·D.斯托洛维奇和艾丽卡·J.吉浦斯合著的畅销书《诉说，而不是培训》中被大量提及。此外，专门提供培训课程的美国培训和发展协会也很拥护这一点。

无疑，这是一个简单但很有力的观点——它鼓励演讲者让听众参与到学习经验之中来，而不只是站在台上向听众灌输什么是对的。

这是一个很棒的观点。而且，它有助于吸引听众并让现场气氛变得更加活跃。

但同时也有一个警告。在有些团体或是不同的文化中，让一些听众或是全体成员分享有关某个话题的想法或经验，可能会引起问题。听众会认为，他们是来听演讲者或某方面的专家演讲的，而不是来听同伴的想法的。

## 奥秘9：永远不要让听众知道你害怕或不安

有一句非常有名的短语，最初是用在吉利公司旗下一款止汗剂的广告宣传中。这句1984年提出的广告语是："永远不要让他们看到你在流汗。"

不论你是第1次演讲，还是第40次、第100次演讲，这句广告语对你的演讲都是有用的。

毕竟，听众们都会认为你应该对公共演讲很在行，而不是笨拙地站在听众前面期期艾艾。

不要轻易说你很抱歉、你的准备不充分，或你很荣幸受邀来演讲（尽管你想要感谢那个给了你这个演讲机会的人）。对你来说，能站在听众面前演讲，不管下面是6位同事还是400个陌生人，那都是你自己得来的机会——那是一种对自我实现的证明。

如果你总是在想你无法胜任演讲，即使你很优秀，台下的听众还是能捕捉到你的不安，他们会怀疑来听你演讲是否值得。

如果让听众感觉到你很害怕，是会出问题的。必须学会让肾上腺素为你所用，而不是来阻碍你——肾上腺素会让你更加充满动感和力量。

所以，克服演讲恐惧最好的方法就是尽你最大的可能讲到最好。

幸运的是，你可以通过阅读公共演讲方面的书籍勤加练习。这样的话，等到你真正上台去演讲的时候，或者是每次演讲完之后，你都会比之前更有勇气。而且，在以后的演讲中，你绝不会毫无准备地上场，哪怕别人是临时要求你即兴演讲，你也能利用很少的时间去整理思路，并用笔快速写下演讲中要涵盖到的点。

用心投入你的演讲，去享受每一次的演讲经历。因为听众很容易感知到你是开心地站在那里还是处在一种恐惧的状态之中。基于我的观察，以及和我从业40年积累的演讲经验，我认为，在你步入演讲会场的时候，你对自己的感觉和听众对你的感觉是有直接关联的。

如果你感觉到自信而愉悦，那么你的这种感觉就会传递到听众那里，他们就会更喜欢你，更愿意花时间倾听你。

如果你感到紧张、害怕，或是你将注意力放到每个人的想法和看法上，而不是集中在自己身上，你的这些感觉都会通过肢体语言表现出来，这是会招致问题的。人群会拒绝你对他们的过度关注。

相反，肯定自己，信任自己，你也许会惊讶地发现，你的演讲会进行得很顺利。

## 奥秘10：讲你自己想听的内容

这是作家经常会得到的建议，的确，我写作的时候也会设法写自己想读的内容。对演讲者来说也是一样，去讲你自己想听的内容，特别是那种积极上进、鼓舞人心的内容。

而如果你要对一群非常特别的听众讲某个既定的话题，你可能要把这个建议修改为——讲听众想听的内容。

不论你是要去讲一个广泛的主题还是针对某个团体的主题，尽量为你的听众着想。易地而处，如果你是听众中的一员，你会希望演讲者给你分享什么样的内容？

这同基于你对听众的认识来起草演讲稿不同，做你自己想要听的演讲，意味着你既了解听众的情况也了解自己的喜好。最后，你将这些因素综合在一起，创造出你想要听到的演讲——这样的演讲并不纯粹是你想听到的，而是经过了对听众需求的调适。

记住，你的观众不是你。即使你对着你的同伴演讲，也要搞清楚一个事实——你是站在听众前面的那个人。但这并不意味着你就不是同伴中的一员了，而是说此刻你是站在演讲台上的演讲者——你处在一个有权威的地位，你是他们的领袖。

不论台下坐着的是不是你的同伴、你的听众，不管他们是谁，都希望你能提供令他们印象深刻的并且包含以下以I开头的词汇：

· 信息

· 洞见

· 启发

· 兴趣

· 灵感

## 信　息

你能不能分享给听众他们以前没有听到过的内容？或是如果还是他们熟悉的内容，那么，你能用一种让他们感到很新鲜、很有力的方式去讲吗？

## 洞　见

你有什么独特的观点可以分享给大家，并且可以让大家一直记住？每个人都有自己特定的思考和行事方式，你做过哪些很特别的事情让听众记住你?

我在前面提到过,主题演讲者邦尼·圣约翰——那位失去一条腿的女人——立志要成为滑雪运动员。她最终的确做到了。她没有放弃,也没有一直沉溺于悲伤中,甚至她选择的还是那种需要高度依赖身体平衡的运动项目——她用自己的实际行动诠释了她的决心。

## 启 发

这可以帮助听众去关注他们以前可能会忽略的东西,或是没有能力看到的东西。但是,由于你这样的一位演讲者,这些东西突然变得重要和有意义起来,从而使得听众看到了原来不注意的东西。

## 兴 趣

你让听众感到很有趣,原因是当你作为一名观众的时候,你也很希望从演讲者的口中听到很有趣的内容。

演讲者也可以是一名艺人。贾纳·斯坦菲不仅是一名歌手,她还是一位演讲者,她的演讲很有力,而且令人印象深刻。

在某些场合,如果播放一些音乐可以对某些特定的观众起作用的话,你也可以尝试这样做。

有些演讲者还是魔术师。这是一种可以培养的技能，如果你认为在演讲中使用它可以提升听众对演讲的兴趣的话，你大可一用。

有的演讲者是搞杂耍的。还有一些演讲者是幽默大师，他们能用幽默的话语诱发听众对演讲的兴趣。

我本身并不经常讲笑话，但是，我也会在演讲中加入一些幽默的元素，作为我准备的话题的一种扩展。重要的是，在使用幽默语言的时候，不能嘲笑或讽刺某些听众或者团体——即使你在开始的时候收获了一些笑声，但仍可能会对你的声誉产负面的影响——听众会认为你是"小丑"，这样就对你不利了。

所以，如果你确实要在演讲中加入幽默元素，或是讲笑话，请不要去嘲笑其他人，特别是残疾人群体，因为这类群体很容易引起人们的同情。

你也要注意，不要去开那种针对名人的玩笑。国际知名喜剧演员吉米·法伦或是《今夜秀》的杰·利诺可能会那样做，但那是因为他们本身也是名人，针对他们的规则是不同的，而一般的演讲者并不在这个范畴内。

你的娱乐是要给听众带来欢乐的，但不能取笑其他人，不管是取笑名人、政客还是体育明星，这些都不行。

## 灵　感

这一点很难用语言解释清楚，但是，等你领悟到的时候，你就能感觉到。灵感能触动人们的心灵，或是成为一个人前进的动力。

## 奥秘11：从过去的经历中吸取教训

毫无疑问，没有人喜欢被拒绝。我们都希望被爱，也需要成长和学习。所以，我们都能通过反思演讲中起到了效果的点和没有起到效果的点来促进自己的成长。

记得有一次，在面对一屋子的助理律师讲"时间管理"的话题时，我在演讲的最后唱了首歌。演讲结束后，我阅读了每个人对我演讲的评估，富于戏剧性的是——正面和负面的评价都有。大约有四分之三的听众喜欢我的歌，但即使是这样，我也不能不顾其他听众给我的负面评论。

从那以后，我一直倾向于用一首歌来结束演讲，尤其是我还会邀请听众一起唱——在那次演讲中我也是这样做的。但是，彼时我在试验这种演讲技巧之前也是预估过风险的——我尝试了新的东西，而且这东西我之前从未使用过。

在曾经的演讲中，你有没有过失望的经验？或是你的演讲得到了听众的认可，但你认为还是有些方面需要再改进？你有没有花时间对你的演讲进行分析，把所有你认为起作用的和没有起作用的地方都列出来？你有没有做过评估，并回顾这些评估？

不要去管会议策划者的反馈，你得去看听众对你的评语，反思一下他们会做出如此评价的原因。

你有没有在同伴面前演讲过？如果有的话，你就可以直接收到反馈意见。或者，你还可以给一个公司或是公共研讨会做一场免费演讲，这样就可以收到大量的反馈。

特别是当你想尝试一个新的话题时，及时得到反馈可以使你对新的话题有更全面的了解，这更有利于你改进演讲——演讲和写作一样，都需要不停地修改、润饰，这样才能够更加完善。

演讲的内容不能长久不变，你的话题或是你的案例也不能一直是那些。你要不断地锻炼自己，要不然的话，结果只会后退。

是的，演讲者是不能停在原地不动的，因为我们的听众都是不停向前的，你要赶上他们——如果有可能的话，你要领先于他们。

很多人去听演讲是因为能得到一些新的思路或洞见，因为演讲者可能是先驱者——超前的思考者——他们能够引领发展的方向。

你是演讲者，你站在这个重要的位置上，别人会觉得你知道很多东西或者富有智慧，这样他们就可以从你的演讲中受益。

## 奥秘 12：发展出你自己的演讲风格和品牌

客观来说，这不是一夜之间就能达到的。

你需要首先成为一名有"特点"的演讲者。你需要从一名普通演讲者转变成一个有自己独特风格的演讲者。这样的话，就没有人可以模仿你——树立了自己的风格之后，你的演讲就可以令人感觉到新鲜而富于胆识。

例如，萨姆·洪恩就是以沟通技巧和人际关系写作出名的。而且，她的成名作令人印象深刻——《吹响号角，让欺凌走开》。

还有，当我第一次听拉里·温格特的演讲时，起初，我感觉他简直就是在侮辱我和其他听众。但到最后的时候，我明白了他的思维角度。我意识到，他其实是在以自己的眼光看待事物，并由此出发将所思所想讲述给听众。尽管我本人并不喜欢这种风格，但是，他的风格确实大胆而突出。

我这里只是举了两个有自己风格的演讲者的例子。最后，有一个最大的公共演讲的奥秘——这也是一种使你立于不败之地的好方法——你就是你，谁能比你更像你呢?

不要试着变成其他人，或是去模仿其他人。你可以观察其他的演讲者，看看他们身上那些独特的地方，但你一定要发展出属于你自己的风格。

从你的穿着到你演讲的标题，从你查找资料和准备演讲的方式，还有你是否打算在演讲中使用 PowerPoint——如果使用的话，你打算如何使用——所有这些都是你与众不同的地方。

你的商务名片，你使用的信件的抬头，你在演讲前分发给听众的资料……这些元素，特别是你的想法，都需要有独属于你的风格。你要打造自己的品牌——因为你是独一无二的。

学会和你的个性并肩作战，让它成为你的演讲事业最大的助力!

# 演讲时要考虑的文化因素

在《全球化生长》这本书中，我讲道，如果在全球范围内从事演讲活动，必须要考虑到一些当地文化问题——尤其是其中的礼仪问题——这对你的演讲有着巨大影响。

## 文化礼仪的考虑

我在《全球化生长》一书中提到了15条商务礼仪的考虑：

1. 对别人名字的正确发音和书写

2. 适当的问候和介绍

3. 交换商务名片

4. 用餐和饮食习惯

5. 守时

6.会议地点

7.谁会参加会议

8.合适的着装

9.可以被接受的书面或是口头语言

10.举止和身体语言

11.谈判风格

12.避免政治错误的主题或问题

13.礼物的馈赠和接受

14.假日和假期的时间

15.宗教的实践和相关的问题

让我们来看一下这每一个问题在演讲中的实际情况。

1. 对别人名字的正确发音和书写

如果你在演讲中需要提到某人的名字，要小心你的发音。如果某人名字的发音很不常见的话，可以事先道歉，就像这样："××先生，如果我提到你的名字时发音不对的话，请你纠正我。"

当然，你只需要在面对自己不熟悉的或是复杂的名字时这样说。而不必对每个你提及的名字都这样解释一番。

同样，如果有人说出他或她的名字，你需要在讲台前的黑板上写下来的时候，你也可以问对方——"你的名字我拼写得正确吗？"或是"如果你的名字我拼写有误的话，请你告诉我一下"。这样就给了听众可以纠正的机会，你也不会因此而丢脸。

你也可以告诉听众你的名字，并写在黑板上。如果你的名字比较少见，那就得让听众知道它的正确发音。这样，听众就不会叫错你的名字，你也就不需要再公开地去纠正他们的发音。

2.适当的问候和介绍

如果你准备开办工作坊的地方类似教室——有椅子和桌子，桌子上可以放名牌。在条件允许的情况下，你可以把每个参加者的名字打印出来做成名牌放在桌子上。因为每个听众都喜欢他们的名字被提到。而且，这样你也可以在演讲中需要的时候随时叫出听众的名字，这会让听众感觉他们受人尊重。

当演讲开始的时候，不论你有没有被正式介绍过，首先，你都得介绍一下你自己。我通常会在自我介绍的时候在演讲室里走动一番，让每位听众分享他们的名字，以及他们希望让大家知道的故事，或是他们来参加工作坊的目标，以及他们工作的地方，等等。

每个人只要讲一件事情和自己的名字就可以了，否则花太长时间。这样做也能让每个人有一种融入集体的感觉。

同时，这种做法也不会占用你太多的演讲时间。在准备整个演讲的时候，切记把这个部分考虑进去。

3. 交换商务名片

听众参加一场演讲的动机可能是想要学一些东西，也可能是想要结识一些新朋友，或是借这样一个机会认识某些人。通过交换商务名片，你可以收集到这些听众的关键信息，便于日后联系。

在我的个人网站（www.drjanyanger.com）上，我发布过一篇名为《你的商务名片是否有效地推销了你和你的生意》的博客。当你要制作或者重新设计商务名片的时候，这篇博客的内容对你可能有用。

关于交换商务名片，我还想说些不一样的内容：有一种鼓励听众交换名片的方法是——采用抽奖的形式，让每个人把各自的名片放入一个盒子里。

你还可以建议参加者利用演讲开始前或结束后的时间，或是中场休息的时候彼此交换名片。

当然，你也要确保自己随身携带名片。这样，当有人向你索要名片的时候，你也不至于毫无准备。

4. 用餐和饮食习惯

如果你要在午餐或晚餐前后做演讲，那么，这一点对你是特别适用的。有些会议策划者为了节省时间，甚至会希望你在听众用餐的时候去演讲！这对你或服务员们来说显然是个挑战。但你也必须从容地应对这种情况，还要想办法让这种情况为你所用。

如果听众在文化、宗教、饮食方面有禁忌或是偏好，你要提前了解，并将它们考虑进去。作为演讲者，你的一举一动都处于大家的关注之下——包括你的所作所为和你的用餐习惯等。

作为一个演讲活动组织者，如果你要对会议中提供的食物或饮料说些什么的话，请你牢牢地把潜在的听众的饮食习惯记在心中。例如，现在有一种趋势是——想要喝脱咖啡因咖啡的人数比以前更多了。

5. 守时

演讲者准时到达演讲场地，无疑是听众们所期望的。或者，可能的话，提前两个小时到场并检查一切准备工作。你需要知道在你所身处的那个特定的文化（或国家、地区）中，所谓"准时"的概念到底是什么样的，从而可以从容面对这个问题。

是的，你是演讲者，但同时你是被某个公司或协会邀请去演讲的。特别是如果你去全球各地演讲，你可能会去的那个国家的"准时"实际上指的是"在1~2个小时之内"。

除了在何时开始演讲上有文化和期待上的不同，你还要注意结束方式的"规则"。在美国，通常来讲，听众期待你能准时结束。如果结束得太早，会给别人一种你在糊弄听众的感觉，除非你真有很正当的理由要提早结束演讲。

如果你晚了5~10分钟结束演讲，对有些听众来说，他们会把你看成是一个对演讲缺少足够的组织和控制能力的人。但是，在有些文化中，甚至在美国的一些企业文化中，讲得时间长，特别是当听众觉得你演讲的内容越来越有用，当原定结束的时间到了之后，你仍然有很多内容要说，听众会对你的专注和投入充满感谢，觉得你是在为他们着想。

尽管如此，一般来说，准时开始、准时结束就可以了。如果你面对的是一天之内有很多演讲者要演讲的情况，就更应该这样做了。

在我最近参加的一个为期一整天的研讨会上，早上的一位主题演讲者多讲了半个小时。当时，没有人在意他的超时演讲，因为他所讲的内容很有趣，而且他还是一位名人。

但是，那天剩下来的几场演讲就被他的不守时给"连累"了——后边的演讲者只能重新调整时间。本来，活动组织者本想把午餐的时间往后移，但这样大家会觉得饿，所以活动组织者把一些演讲安排在了午餐后的间隙举行。

这件事情对我而言是一个很好的警示——如果不按照事先安排好的计划来执行，什么情况都可能发生。

6. 会议地点

如果你对演讲的地点有要求，你要说出你的要求。对于很多去听演讲的人来说，演讲的地点和演讲者是谁同样重要。

演讲可以安排在机场附近的高档酒店中进行，这样可以方便听众到达。也可以安排在市中心的中档酒店里，这样听众在听演讲前或听完演讲后，可以很方便地去餐馆就餐。

活动的举办地（城镇或是城市），对你演讲的主题也很关键。我在日本的第一次演讲活动的策划者是位女士，现在她已经退休了。她有一次和上她的烹饪课的几个成员出国度假。你猜她们选择的地点在哪里？在法国南部的某个小镇。

7. 谁会参加会议

如果是一个公共的研讨会，你的听众可能是被你的声誉所吸引的人，或是对此有回应的并且付了费的人。如果你被一个公司邀请去做演讲，而与会者是由邀请你的人来决定的——可能是某个公司内部的会议，如果是这样的话，你的听众结构就非常广泛，从初级的行政助理到资深副总裁或是首席执行官都有。那么，你就要用适合不同层级员工需求的方式去演讲。

8. 合适的着装

作为一名演讲者，应该有什么样的着装？对一些演讲者来说，他们的着装有独到之处。就像对有些演讲者来说，一个"特征鲜明"的故事就是他们的独到之处。

　　我的同事佩金·埃切瓦利亚是一个充满激情的演讲者，她的黑色皮革外套就定义出了她的演讲风格。哦，我还想提一下——她过去曾经是一个帮派的成员，而她表演独角喜剧是她的一种减压的方式。另外，她还开摩托车。

　　不过，这种黑色皮革外套对我来说就不太合适了。我演讲的时候倾向于半商务、半休闲的着装风格，偶尔我也会穿套装。但是，当我2010年去印度加尔各答演讲的时候，我的行李没能及时到达。所以，当时，我只能买当地的衣服穿——我只有坐飞机时穿的牛仔裤——这样的着装显然不适合在演讲时穿。

　　会议的策划者很好心地把我带到离酒店不远的一个购物中心里。我买了一套极富印度风格的衣服。因为我想，如果穿着这样的上衣和裤子的话，会和演讲的环境比较协调。但是，会议策划者却倾向于让我穿西式服装——他并不希望我的着装是融入当地特色的。因为他们很自豪，在他们一整天的会议里能有我这样一位来自西方的演讲者。

　　所以，最后我买了一套西式服装，准备在演讲的时候穿。可是，半夜的时候，我的行李箱到了，这样在第二天早上的演讲中我就可以穿我那保守的黑色套装了。

9. 可以被接受的书面语或口头语

作为演讲者，我们是要有所表现的——我们说的和做的都会被人仔细地聆听和观察。特别是，如果我们为学生（或是儿童）演讲，或者为某个利益集团演讲的时候，他们很可能觉得你的某些词语或用语冒犯到了他们。

所以，注意演讲中要说的话以及宣传资料中的书面表达是很有必要的。要知道，你在PowerPoint和分发的材料里拼错的单词可都会被听众看在眼里。

这里有一个例子：蒂娜·派宁顿和曼迪·威廉姆是一对姐妹，她们合著了一本自费出版的书，名叫《当我丈夫下岗的时候，我从生活中学到了什么》，这本书出版后给她们带来了很多演讲的机会。

她们还因此收到了一个邀请，校方请她们为高中学生开发一个财经文学类的项目，而且这个项目会被收入教科书。最后，她还要在一些8年级学生面前做演讲。

在演讲的时候，这对姐妹用了一些比较不雅的语言，而按照曼迪·威廉姆的说法，这"完全是为了和我们的现实生活保持一致"。但是，当她们去看演讲的评估意见时，发现有些学生认为她们在青少年面前使用这样的语言很不合适。

这对姐妹意识到了自己的错误，于是，她们写了一封正式的道歉信发给这个学校，并希望学校将其分发给每位学生。另外，她们还在自己的网站上发布了这封道歉信的内容。

10. 举止和身体语言

你的举止和身体语言是在听众的视线之内的，可是，你也会想通过观众的举止和身体语言来了解他们听讲时的感受：

他们感兴趣吗？

他们是否觉得无聊？

他们投入吗？

他们害怕吗？

在我最近做过的一个演讲中，一位坐在前排的女士引起了我的注意，因为每次我讲到关键点的时候，她都会点点头。于是，我就通过她是否认同地点头来确认我的演讲有没有偏离正轨。

能得到一位听众的认同，这种感觉是非常棒的，但是，如果你只注意一位听众的反应，就会阻碍演讲者观察其他听众的举止和身体语言，因为其他听众的反应可能会与你注意到的那一位有所矛盾。

11. 谈判风格

这一点更多的是指演讲合同的谈判，而不是指你的演讲本身。和你打交道的会议策划人是一个习惯以书面形式把一切细节都确定下来的人，还是一个对演讲活动要求比较宽松的人？

又或者，他或她认为跟你签订一个更正式的合同（合同里包含了所有的事项）才是一个更好的方式？

12. 避免政治错误的主题或问题

如果你希望演讲顺利，或是被安排在第一位发表演讲，这一点是非常重要的。

当你为演讲拟定标题的时候，或是为你的话题写演讲稿的时候，必须尽量让你的语言和话题能适应更广泛的听众——除非你想要争取的是比较小众的人群。一旦你对谁将是你的目标听众感到更清晰的时候，你可以进行更为深入地挖掘，并在内容上做出更细节化的修改。

13. 礼物的接受和馈赠

在某些文化中，人们会认为，在和其他人做生意的时候是一定要给对方一样礼物的。而在其他的文化中，人们也会期待从你那里得到礼物。而在你的国家里，你要搞清楚什么是道德层面规定的，什么是法律层面规定的。当你去其他国家演讲的时候，同样要搞清楚那里有没有什么关于金钱方面的你需要知道的准则。

例如，以前曾经有一种这样的规矩：凡是低于25美元的礼物或是馈赠都是可以接受的。可是，现在，在很多情况下，不论是哪种礼物，也不论礼物的价值是多少，人们都避之不及——因为在公司和政府里，接受礼物就等同于贿赂。

如果有人要给你一样礼物，且它是合乎道德、合乎法律的，你可以接受它，并表示感谢。你可以写一张感谢卡，发一封致谢的电子邮件，或是写一封表示感谢的信给对方。你应该让送礼物的人或是组织知道你很感谢这份礼物，你会珍惜它，但也不要说得太过头。

如果你认为需要送一样礼物，那你要仔细选择礼物。可以是从你家乡带来的礼物，或是从你居住的地方选择一样纪念品，这些都可以用来表达你心中的感激之情。

14. 假日和假期的时间

当你为一项演讲活动做准备，或你已经接受一项演讲活动，你要留心一下节假日的时间，因为这可能会影响到你的演讲。

如果是在一个公司里做演讲，你首先要确认，演讲这一天是不是一个连休的周末——在这种情况下，有一些甚至是大部分的听众都想额外多休几天，这样，到达现场的听众可能会很少。

更糟糕的情况可能是——他们想要额外多休几天的请求被拒绝了，原因就是你要去做演讲。所以，当你出现在那里的时候，听众们可能会非常愤怒，对你充满了敌意，可你却一头雾水。

15. 宗教的实践和相关的问题

你要小心，宗教信仰可能会对你的演讲产生巨大影响，还可能会影响演讲的进行。

例如，如果你在做一个针对某团队的工作坊，这个团体是不允许未婚男女相互联系的，那你就不能在这个团体内部做这方面的团队活动，否则会使得每个人都非常不舒服，同时也会让你自己很难受。

如果当地宗教要求在一天的某个时间点做祷告活动，或是因为一个宗教假日要开始了，工作坊只能在几个小时后结束……这方面的顾虑你都必须提前预料到，这样你才能成为一个成功的演讲者。

# 如何做好一场主题演讲

对于主题演讲，不论演讲的时长是6分钟还是45分钟，这和准备写一个300字左右的博客内容，一篇1000字左右的杂志文章，或是一本4万字的书，在本质上是相似的。

但是，不论演讲的时长是多久，开头、中间的内容以及最后的结尾，都是必不可缺少的。

## 演讲的开头

这部分是你能迅速"抓住"听众注意力的地方。如果在你开始演讲之前，听众们已经快睡着了，或是紧张不安。这个时候，你必须让他们重新打起精神来，这样他们才有兴趣听你剩下的演讲内容——因为你已经给他们建立起了一种感觉——你真的有话要说，而且这些话将会对他们产生影响。

你需要让你的听众感兴趣，并保持他们的兴趣，亮出你的观点，还应该有一个充满生机的结尾。

我在几年前参加过全美演讲者协会(NSA)的年度会议上的一个工作坊，它的内容是关于如何进行更有效率的演讲。我在活动开始后的几分钟才进入会场，我看到那位奥林匹克运动员——同时也是活力十足的主题演讲者文斯·波申特——正站在一把椅子上做演讲。那个场景给了我极为深刻的印象，并且在多年以后还留在我的记忆中。

在第四章，我提到了全美演讲者协会(NSA)的要求是：演讲者要在一分半左右的时间内进入演讲的主题，而不是做一个很长的介绍性的开头。

那么，哪些做法可以在最短的时间内吸引听众的注意力？

以下几种方法都能够让你的听众注意到你：

· 使用一句有力的引言。

· 提一个挑衅性的问题。

· 讲一个笑话。（除非你真的在这方面很擅长，才能去讲笑话。并且笑话不能很老旧，不能是听众以前听到过的。注意挑选一个不会冒犯到听众的笑话。）

· 分享一个非常戏剧性的统计数据。

· 讲一个十分强有力的案例，或是一个令人印象深刻的趣闻轶事。

· 如果你让听众在等待听演讲的时候填写一个问卷调查的话，你可以把调查的结果做成表，然后分享你的发现。

· 分享一个激动人心的视频或音频——不论是照片还是电影。（我听过滑雪运动员邦尼·圣约翰的演讲，她用一个短纪录片做开头，介绍她职业生涯的概况。关于她的情况，我在第五章中提到过。）

· 播放一段音乐。

· 使用一个令人印象深刻的道具。

尽管这一章讲的是主题演讲——就是那种45分钟的演讲。不过，我们不要忘了，时间长度本身不是问题的关键。最近，CNN（美国有线电视新闻网）的一条1992年的新闻让我再次感受到了这一点。

那是1992年举行的联合国地球峰会上发生的一个新闻。一个12岁的小女孩——珊文·古力斯·铃木——她为巴西里约热内卢代表团的成员做了一个有关环境方面的6分钟演讲。她也因此被大家称为"一个让世界沉默了6分钟的小女孩"。

据Democracy Now网站的艾米·古德曼说，她演讲的视频在YouTube视频网站上有超过2100万次的观看次数。

珊文·古力斯·铃木的6分钟主题演讲开头的文字如下：

大家好。我是珊文·铃木，我来这里是为ECO——也就是儿童环保组织来做一个演讲。我们组织的成员都是十二三岁，想为这个世界做些不一样的事情，这些成员包括：薇妮莎·莎托、摩根·盖斯勒、米歇尔·荃格和我。

我们自己想办法筹集到了路费，从五千公里之外的地方来到这里，想要告诉你们——成年人必须要改变自己的做法了。

我的日程表可以公布给你们看。我认为，我是在为我的未来战斗——失去我的未来可不像输了一场竞选或是在股票市场上少赚了几个点数那么简单——我来这儿是为了所有未来的一代又一代。

我来替世界上所有饥饿的孩子发声，因为他们的哭泣你们根本听不到；我来替地球上无数濒临死亡的动物发声，因为很可能未来它们会无处安身。

　我很害怕晒太阳，因为我们的臭氧层上有空洞；

我很害怕吸入空气，因为我不知道里面含有什么样的

化学物质……

　读一下这些文字。你可以看到珊文的用词很简单、很清楚，她的排比用法也很棒。例如"我来替"，还有"我很害怕"。

　在演讲的开头，她就为我们搭好了舞台。她按照演讲应该有的样子去讲，如此有力，吸引了如此多的关注——一个十二三岁的孩子去对大人做演讲——她自己筹集到路费，从五千公里远的地方来给大家演讲。

　我很肯定，当时峰会现场的每一个人，以及在YouTube视频网站上看过这段视频的每一个人，都不会忘记她说的这些话，也不会忘记这段震撼人心的6分钟主题演讲。

　这里还有另外一位演讲者——J.P.琼斯和我分享的一个例子，她是一位来自田纳西州纳什维尔的网页设计师。她在她的一个名为《社交网络和你》的演讲中是这样开头的：

　所以，你想要推广你的品牌吗？

你想给你的网站带来访问量吗？

你想在网上引起别人的关注吗？

这些目标听上去有点儿大，不是吗？如果你能有合适的工具和足够的能力，那么这只是一个简单的问题——只要你愿意为你的事业投入时间和精力。

在今天的市场中，当公司、政府和商业机构想要建立一个品牌的时候，第一件必须要做的事就是要先建立一个网站，这是品牌成功的第一步。

请注意，我说的不是"有一个网站"，我说的是"有一个成功的网站"。两者的区别何在？就在于你使用的社交媒体会帮你引流到你的网站。

还有一个演讲的开头是由德雷克·赫斯提供的，他是一个活力十足的演讲者，也是《一个词就足够》这本书的作者。他的一次演讲的开头是这样的：

首先，我想向大家道声早安。（听众回应他）……早安。

我知道，你们的生活都过得很好。所以，这一次我想要你们想象一下，如果你面临这样一种窘境：账单都到期了，你却没有钱去支付，你也无处可去。而这时，你的信箱里出现了一张支票。这时，你会如何回应？

在开场之后，你要给听众强调接下来的40~45分钟内你想带给他们的内容。你可能会分发给听众一份提纲，或是在移动黑板上写下一些要点，这样，听众就知道你的演讲的大纲了。

## 演讲的主题

当你演讲时，最长的那部分内容应该聚焦于几个主要的点上。你要列出这些点，然后用案例、统计数据、趣闻轶事去支持、丰富这些点。如果你有视觉方面的辅助资料，也可以用上。

在一个45分钟的演讲里，你通常可以给出3个主要的点，然后用案例和趣闻轶事去支持它们。

在演讲的主要部分，如果可能的话，你要尝试让听众参与到演讲中来——和他们互动起来。可以向你的听众提问，这样你就有现成的材料可以应用了。

假设你要做一个关于写作的演讲。你可以问听众："你们有没有人遇到过写作障碍？如果有的话，请举手让我知道。"而不是只讲自己写作、出版的经历，或者你自己遇到的写作障碍。如果所有的听众都把手举起来了，你就可以点评说："所以，你们本来认为只有自己遇到了写作障碍，但现在你们知道了——这种情况相当普遍。"

你可以在问题之后再问一个相关的问题来引出一个案例或是趣闻轶事。比如："那些认为自己经历过写作障碍的人，可以分享一下你认为是什么导致了障碍的出现？是什么阻碍了你？你是如何打破障碍的？你用了多少时间才打破这种障碍的？"

另外的一种技巧是把听众分成4~6个小组，然后，每个小组选出一个人做记录，一个人上去做演讲。给每个小组分配一个话题，让他们自己讨论，最后选出一个人，让他去分享他们得出的结论。

最后的分享时间要控制在3~5分钟之内，这样，整个小组的讨论时间最好安排在7~10分钟左右。

## 问答环节

如果听众们期待有一个问答环节，那你可以把这个环节放在演讲的第三部分。

避免把问答环节放在演讲的最后，因为你也希望你的结尾是有力的，可以让听众把注意力聚焦在你和你的演讲上。

给问答环节限定一个时间，而不是回答听众全部的问题。当时间接近那个限定时间的时候，比如，还差5分钟演讲时间就结束了。那你就要让听众知道这一点，你可以说："我们的时间只够回答一个问题了。"

## 结尾

首先要考虑的是你准备放在演讲结尾部分的内容。要避免忽然停下来，不要因为时间不够了就说："我看到时间不够了，所以只能结束这次演讲了。"

当你意识到时间临近结束时，应该用开头时那样有力的方式来结束你的演讲。

你可以用总结演讲内容的方式来结束整个演讲。

你也可以用回顾整场演讲的方式来结束："当我们今天开始的时候，你可能这样想……但在我们探索了 x, y, z 之后，你意识到了还有 a, b, c……"

你还可以这样结束：

号召行动

引用

统计数据

歌曲

对你演讲的关键点做简明的回顾

案例

趣闻轶事

以下是珊文·古力斯·铃木结束她6分钟演讲的一种方法：

别忘了你为什么来参加这些会议，你是为了谁来参加。

我们是你们的孩子。你们决定了我们会在一个怎样的世界长大。父母总是会安慰他们的孩子："一切都会好起来的。""这不是世界末日。"或者，"我们正在尽全力做我们能做的。"

但是，我想，你们不能再对我们说这些了。请想一下，你们把我们放在头等重要的位置上了吗？我的爸爸总是说："听其言，观其行。"你们这些大人总是说你们爱我们，可是，你们做的那些事却总是让我们在夜晚哭泣。

我恳请你们——言行一致。谢谢。

以下是德雷克·赫斯和我分享的——他在书籍重印的时候用到了他在演讲中提到自己时所说的：

几年前，我的前妻，也是我孩子的母亲说，她不想和我在一起了。为了能开始新的生活，我从阿拉巴马州搬到了佐治亚州。

要特别说一下的是，当时我只剩下一点点钱，没有工作，连个住的地方都没有。我的一个伙伴对我说，我可以睡在他家的地板上，直到我能自食其力为止。

我的生活发生了这么多的改变，这令我非常悲伤。于是，我去读《圣经》。

那时，我认为全世界悲伤的人就只有我一个。我查了字典，字典上说，悲伤的意思就是苦难或痛苦。

这时候，我听到一个声音对我说："今天下班前或者晚上睡觉前，请对别人说一声——Woe（在此意为荣辱与共）。"

从此，我便看到了单词中更多的东西，这是我以前从来没有看到过的——在单词"life"里面藏着单词"if"。也就是说，如果你不去试，那你永远不会成功。生活只对你做了一件事情，它会带你经历一些事情，只是为了让你能去做一些事情。

在单词"look"里面藏着单词"ok"。我的母亲罹患癌症去世了，但她生前总是说："不管事情看起来怎么样，一切都会好起来的。"

我写下了单词"arrive"。我把第一个r删掉，添加在这个单词的最后，拼出来就是"一条河流"（a river）。

当你准时到达一个目的地的时候，你生命中所有的东西就会像一条河流一样流动起来了。

你希望给听众留下一些可供思考的东西；你希望高调地结束演讲；你想要用有力的、令人印象深刻的东西来结束演讲，这样在1个小时之后，你说的那些关键的观点还能留在他们的记忆中。

这里还有另外一个演讲的结尾，它是由斯科特·克拉布特里提供的。他就是前文我提到的那个放弃了视频游戏工作，转而成为全职演讲者的人——他的主要演讲主题是"关于幸福"：

> 不幸的是，你们来听我演讲并不会使得你们有一种持续的方式获得幸福。你会知道，幸福的科学并不会让你更幸福。你需要思考并且做这些事情才能获得幸福。
>
> 开始制作一个计划。从小处开始，做一个你能有高度自信的计划。然后，分享你的计划，因为研究表明，当你公开地分享一种意图的时候，你更会努力贯彻它。
>
> 想在工作中感觉更幸福，你应该：
>
> ·努力达成目标。
>
> ·表现得比以往更积极。
>
> ·把他人放在首位。

除了从CD中、网络上或者在现场听很棒的演讲外，在听的时候，你还要注意分析出色演讲者们是如何开头的，以及他们演讲的中间和结尾的内容。

你还可以看一些演讲稿来琢磨这些案例。约翰·卡多的《50

个影响力巨大的演讲和评论》，就是这样一本很好的能加强这方面技能又有大量的案例的书。

他在这本书里指出：你可以听一个演讲，然后把演讲的内容拆开，从每个演讲的细节处开始分析：活动、主题、地点、日期、时间、听众、时长还有文字内容等。

他把演讲内容放在左边，右边是他的点评。在书中，他对演讲的内容一段一段地做出解释、评论。例如，一位通信行业的管理者——汤姆·汤普森做的一个时长45分钟的共1380字的演讲（《电线世界里的通讯》）——这是他面对约2000名通信行业专业人士做的演讲，在演讲中，他用了很多故事以及足够多的统计数据来说明他的观点。

根据卡多的说法，汤普森做了一场很有洞见的演讲，并且用一种非常鼓舞人心的方式结尾，还援引了音乐和舞蹈的暗喻。

以下，是汤普森的那次演讲中用的文字：

我希望，今天我们能更多地激发自己的想象力。

我们能听到未来音乐的第一股潮流吗？如果是的话，

对我们大家的挑战是随着音乐在夜晚翩翩起舞……

## 演讲结束后

如果你决定要给听众一些东西，让他们一看到就能想起你的演讲或是你本人的话，这个时候就可以这样做了。这可以是前面提到的分发物或是印刷品。你可以把它做成一些实用的东西，而且，如果有可能的话，最好与你的演讲相关。

比如，如果你是一位作家，那么，可以设计一个书签；如果你是一位理财规划师的话，不妨设计一个货币图形的减压球；如果你只是想要给大家一样平时都能用到的东西，而且一看到就能想起你和你的演讲，那就选择送一支笔；如果你做的是旅行主题的演讲，那么，发放地球型的钥匙链也不错。

有些演讲者喜欢利用结束的这段时间和听众打招呼。他们会用一定的时间回答听众的问题，不论是5分钟、10分钟还是15分钟。

也有些演讲者不喜欢在演讲结束后和听众互动，他们结束后会马上离去，外面有车在等着他们，然后载着他们直接去酒店或是机场，或者是另外一个演讲的地方，也可能会直接就把他们送回家去。

不论你在演讲结束后做了什么，你要记住，这都是你的演讲的延伸。你发出的每个单词、每个手势，你做的每件事都是你作为演讲者这个角色而做出的。所以，对于自己的一举一动、一言一行，你都要认真对待——记住，你的演讲仍然回响在听众的心里。

是的，你不希望听众对你的印象是——在台上说话有逻辑并且非常理性，到了台下却变成了说话不靠谱的人。这会让让每听众人都觉得——"我简直不能相信，这和刚才给我们做演讲的是同一个人！"

## 要一份证明书

演讲完后，你拿到了评估，你可能会希望会议策划者给你一份证明书——除非他或她主动给了你一份（或是事先已经发给你了）。

特别是如果你知道会议的策划者知道你做得非常不错，但证明书却没有拿到的话。会议的策划者可能是因为很忙或正好不在，也可能只是忘记了。所以，不必害羞，你可以直接向他们开口。

## 时间、时长和主题

这一章我是以一位12岁的小女孩——珊文·古力斯·铃木的6分钟主题演讲开始的，20年后，这个演讲视频依然在视频网站上被人观看。

当然，一个典型的主题演讲的平均时长是45分钟到1小时之间。

还有一种主题演讲我觉得也是非常有力且有效的——20分钟的主题演讲。有些演讲者不愿意接受那种活动间隙的只有短短20分钟的主题演讲，但它还是可以成为很棒的演讲，而且，和那种时间更长的主题演讲相比甚至更有效。

那种更长的主题演讲对演讲者来说可能会有内容重复的风险，因为你一直在一遍遍地讲相同的关键点。还有这样的可能——你给了听众过多的信息，但是演讲的时间又不够长，没法深入展开——这样的话听众也会感到失望。

当然，每一个演讲——不论你被分配到多少时间——都会有不同的挑战。但我告诫你，不要因为这些演讲的时间太短了就轻易拒绝掉。

实际上，这些时间足够你展现一种不同了，就像亚伯拉罕·林肯著名的《葛底斯堡演说》里的那些简短但不朽的词句：

87年前，我们的先辈在这个大陆上创立了一个新国家，它孕育于自由之中，奉行"人人生来平等"的原则。

你应该在什么时候做主题演讲？这一点也非常重要。有些人喜欢在上午，因为这段时间听众头脑清醒、反应敏捷；有些人倾向于午餐后，因为这时听众刚刚吃饱，不必老想着是否有时间吃午餐或午休等。

还有一些人建议，不惜一切代价也要避免那种被安插在一天结束前的那种"吓人的时间段"的演讲，因为那个时候每个人都只想快点儿回家去。

也要尽量避免演讲被安排在一整天的会议结束前的时间段里，特别是如果那个会议还是一开两天的那种。这种情况下，会议快结束的时候，每个人都准备着赶紧离开酒店——他们的脑子里盘算的都是尽快带着行李箱直奔机场。

如果你可以自由选择主题演讲的时间段，那是最好不过的了。你可以选择对你的演讲最有利的时间。回想一下你过去做过的演讲，这些演讲在什么时候是最有效率的呢？

考虑一下自己的习惯和个性：你是一个"百灵鸟型"的人还是"猫头鹰型"的人？

如果你是"猫头鹰型"（习惯于晚睡晚起）的人，在还有选择余地的情况下，把演讲安排在上午8点，对你来说可能不是一个好的选择。

不过，如果你被直接告知了做演讲的时间，而且没有丝毫谈判的余地，那就尽可能多地利用好那个时间段。与其一直想着这个时间段对自己适合与否，还不如把焦点集中在自己是否准备好了、是否能做一场精彩而令人印象深刻的演讲上。

特别是如果你或其他人录下了你的演讲，将视频放在你的网站上或是YouTube上，那么，观众随时都可以看到——不管你的演讲发生在什么时间。

第八章

# 如何做好其他类型的演讲

我最喜欢的演讲类型是那种5~10分钟的，要不然就是提供一整天研讨会的那种。

在短时间的演讲中，你可以把一些主要的观点亮出来，用你的简明、扼要给人留下深刻的印象；那种长时间的演讲可以让你给听众提供大量的信息，还有机会让他们不仅和你进行互动，还能和参加工作坊和研讨会的其他人互动，这样你就有机会影响每一个人。

## 培训VS演讲

如果你举办了一个工作坊或者是研讨会，不论是和听众面对面的还是那种在网络上的（在线研讨会），听众一般都会要求你就某个特别的技能来分享你的经验。针对这个话题，你可以提供独属于你的深度信息——不论是90分钟的、3小时的、全天的，还是2天的、3天的或是5天的形式。

听众对于主题演讲的演讲者和一个工作坊活动的预期通常是不同的。在工作坊，你通常会以一个培训者的姿态出现，并向学员发表演讲——听众们会期待你在这个话题领域拥有更多的学识。

如果你是主题演讲者，听众对你的期待会更高。你需要用能量密集的演讲来震撼他们。

有些工作坊的举办者在一整天的工作中会有一个合作者。这个人作为嘉宾演讲者，可以给其提供额外的观点，这样就能让举办者喘口气，否则就需要连续不停地讲6~8个小时。而且，有了演讲嘉宾的合作，还能够使得工作坊或研讨会更加吸引人。

你有没有参加过那种全天的培训？我发现，现今的趋势是人们会去参加2天、3天或是5天的培训研讨会。

因为如今信息和知识迭代很快，我们需要不停地分享和更新自己的经验和知识。参加一个1~5天的培训，可能学习强度会很大，但却是一种有效的知识升级的机会。而且，这样的活动还能促进听众与其他有着共同的兴趣爱好的人们之间相互了解。

那么，如何使一个话题可以适合半天或是一天的工作坊？

有的时候，你没有机会去选择在一个特定的主题上投入多少时间——这一点已经由会议策划者或是雇你去演讲的公司事先定好了，他们想要一个90分钟、3个小时也可能会是6个小时的工作坊。

如果是这样的情况，你很可能会答应去做这个演讲。

但是，如果你对一个工作坊（或是研讨会）应该开多久想表达个人意见的话，这里有一些关于演讲时长的考虑（对于理想的工作坊时长，应该要问自己的问题）：

· 如果这个演讲我以前讲过，以前我花了多少时间去讲？

· 我觉得最舒服的演讲时长是多久？

· 在做完一个主题演讲后，你会说"我还有很多没有说完。我希望当时能有一整天的时间就这个话题去深入演讲"这样的话吗？

· 如果我做了一整天的演讲，第二天还有足够的材料去讲吗？

一旦你决定了工作坊的时间安排，准备工作就应该像准备一系列的主题演讲一样——在这些主题演讲之间用休息和主题的循环连接起来——你完全可以以这种方式把一天或者几天的内容协调好。

　　这里有一个协会举办的会议的全天安排日程表的样本，主办
方邀请了好几位演讲者：

| 7:30-8:30 | 注册/洲际早餐 |
| 8:30-8:45 | 组织主席的开幕词 |
| 8:45-9:30 | 第一位演讲者 |
| 9:30-10:15 | 第二位演讲者 |
| 10:15-10:30 | 休息 |
| 10:30-11:15 | 第三位演讲者 |
| 11:15-12:30 | 第四位演讲者 |
| 12:30-13:30 | 午餐，有午餐演讲者 |
| 13:30-14:15 | 第五位演讲者 |
| 14:15-15:00 | 第六位演讲者 |
| 15:00-15:15 | 休息 |
| 15:15-16:00 | 第七位演讲者 |
| 16:00-16:45 | 第八位演讲者 |
| 16:45-17:00 | 圆满结束 |

这是你要做的全天工作坊的样本（你做其中所有的演讲）

| | |
|---|---|
| 7:30-8:30 | 注册/洲际早餐 |
| 8:30-8:45 | 组织主席的开幕词 |
| 8:45-9:30 | 第一个话题 |
| 9:30-10:15 | 第二个话题 |
| 10:15-10:30 | 休息 |
| 10:30-11:15 | 第三个话题 |
| 11:15-12:30 | 第四个话题 |
| 12:30-13:30 | 午餐，有午餐演讲者 |
| 13:30-14:15 | 第五个话题 |
| 14:15-15:00 | 第六个话题 |
| 15:00-15:15 | 休息 |
| 15:15-16:00 | 活动 |
| 16:00-16:45 | 问答时间，随后圆满结束 |

你可以请嘉宾演讲者讲20分钟，或是45分钟到1小时的时间。又或者，你找到的那个嘉宾演讲者只想讲20分钟，那么你可以再加一个问答环节——这会比要求他做更长时间的演讲容易一些。

如果可能的话，给你的嘉宾演讲者一些自由选择的时间段，从而调整你自己的日程表——假如你不能给嘉宾演讲者提供酬劳，或是酬劳很少，这一点尤为重要。

| | |
|---|---|
| 7:30−8:30 | 注册 / 洲际早餐 |
| 8:30−8:45 | 组织主席的开幕词 |
| 8:45−9:30 | 第一个话题 |
| 9:30−10:15 | 第二个话题 |
| 10:15−10:30 | 休息 |
| 10:30−11:15 | 第一位嘉宾演讲者（20分钟的演讲，之后有5~10分钟的问答时间） |
| 11:15−12:30 | 第三个话题 |
| 12:30−13:30 | 午餐，有午餐演讲者 |
| 13:30−14:15 | 第四个话题 |
| 14:15−15:00 | 第二位嘉宾演讲者（20分钟的演讲，之后有5~10分钟的问答时间） |
| 15:00−15:15 | 休息 |

| 15:15-16:00 | *活动* |
|---|---|
| 16:00-16:45 | *问答时间，随后圆满结束* |

因为中间有休息等环节，所以你需要注意把长的时间单元分成45分钟到1小时左右。

我们在前一章中讨论过的技巧也同样适用于工作坊的情形。如果你有比较长的时间可以用来举办工作坊，那么请你记住——参加者会对你有更高的期待。

不论你们的演讲有多长，切记要做好"破冰"环节——在你主持一个工作坊的情况下，参加者肯定会期待在活动中有一个破冰环节的。

破冰，实际上是一种是打破人际交往间怀疑、猜忌、疏远的藩篱的游戏，就好像打破严冬时厚厚的冰层一样。对于一个团体来说，破冰环节能让团体中的人面对一屋子的陌生人打开自己，放松自己，拆除学习障碍，对在一起交流、学习感到更加舒服，从而在活动中能够提出问题或是贡献自己对问题的答案。

我之前也提到过，破冰的方式可以是绕着场地走一圈，介绍一下彼此的名字，或是说一下每个人在哪里工作，或是想要从工作坊收获什么，也可以说一下他们的顾虑是什么。

　　破冰，从字面上就可以看出——通常是放在一个工作坊的开头进行的。

　　为了知道什么对运作工作坊是有效的，你可以尝试参加一些和你演讲的话题相关的工作坊，或是学习一些对你举办工作坊有帮助的东西。你可以选择去一个以输出高质量的内容和积极乐观的、印象深刻的交流方式出名的工作坊学习，看看这个工作坊的组织者是怎么做的。

　　是的，你可以仿效它。你可以从主题、工作坊举办者的声誉、便利程度等一个或多个方面因素出发，去选择适合你的工作坊。

　　当然，你不需要全程参加。如果你在他们的日程中发现有些内容可以直接运用到你自己的话题中去，比如把破冰环节放在什么时候，或有什么破冰的形式你认为不错，并且可以应用到你自己的工作坊中去。

　　也可能你发现其他人的工作坊中关于 PowerPoint 的使用很有用，或者是他们的短视频剪辑软件很不错，你都可以将之加到你的演讲中去——但你不能完全照搬他人。

　　如果你发现有一本书和你提供的工作坊的内容有关联，不论你是要把书分发给参加者、卖给他们，还是在演讲中使用书中的内容作为你演讲的一部分，或是你想要做一些个性化的分发材料或是信息表格，供你在不同的工作坊里使用……这样做会让你的工作坊的参加者感到你对这些内容做过深入的思考，而不是只把旧的内容改头换面一下，又拿出来卖给他们。

有些工作坊的领导者倾向于分发一些材料给参加者——那可能是一本可以令人充分发挥所长的练习本。你可以在上面写一两句激励性的话语，鼓励参加者继续参与。

这里有一个为期3天的培训环节的案例，是我以前在ASTD（美国培训和发展协会）参加培训时使用的。

在培训的4P（目的、准备、演讲、表演）内容中，在分发材料里4P中的"目的"那一项下面，你会看到这样的语句：

　　　　每个行动都是由_____或者_____驱使的。

　　（答案是："知道的"和"不知道的"。）

有一个是我关于时间管理——"如何更好地利用你的时间"的一个工作坊的分发材料内容：

　　　　处理好我的时间意味着我_____可能准时参加约会。

　　（答案是："更加"。）

还有一个是关于友谊的工作坊中的分发材料：

　　实际上，每一段友谊，在一个或另一个时间，会有一些＿＿＿＿，但并不意味着它必须＿＿＿＿。

　　（可能的答案包括：第一个地方填入"冲突"，第二个地方填入"结束"。而另外的答案可以是在第一个地方填入"背叛"，第二个地方填入"导致更多的背叛"或是"暂停"）

## 网上研讨会和电话研讨会

2011年之前，我从没有做过网上研讨会。而在几个月时间内，我为一些公司、协会和政府的赞助者一口气做了好几个网上研讨会。

尽管在一开始的时候，我觉得举办网上研讨会的想法有点儿吓人，但当我真的着手去做的时候，这个过程却很顺利——不论是在技术层面还是演讲部分——演讲部分比较特别，但很有力。

是什么使得网上研讨会的效果那么棒呢？因为你可以直接在办公室或家里演讲，你可以同时对着一个或是几百个和你同在一个城市的人或是在世界其他地方的人做演讲。而且，参与者可以实现实时的网上研讨。听众还可以把内容下载下来，以供今后反复观看。

网上研讨会和电话研讨会的基本差异是——网上研讨会是使用网络来展示。你可以向参加者展示视觉材料作为演讲的支持。当我举行这些网上研讨会的时候，我选择使用PowerPoint作为我口头部分的补充，这样就可以和我的口头评论做很好的搭配。

在公共演讲中，我不推荐你使用PowerPoint为演讲内容做概要提示。因为这会分散听众对你的关注，也会影响到你和听众之间的眼神交流。

而在做网上研讨会的时候，你和听众并不是面对面的，所以PowerPoint提纲的形式对你的演讲会起到很好的协助作用。

电话研讨会和网络研讨会是很相似的，因为你和听众也不是在同一个地方，但是，电话研讨会只是依赖一部电话机或一台计算机去讲。如果电话研讨会使用的是Skype软件，那么，也不能使用PowerPoint等视觉内容材料。

特别需要注意的是，当你出于个人生活、时间或是金钱方面的原因不能亲身去做演讲的时候，并不代表着就不能分享你想要讲的信息内容了。如果你还没有做过网上研讨会或是电话研讨会，可以考虑把这些方式加入你的演讲方式中去。

## 参加一个小组

有一次，我问一位知名礼仪专家的经纪人，这位礼仪专家是否能和我出现在一个小组里——那里有好几百位听众，有机会售出她的书或引起媒体对这次讨论的关注。

她的经纪人的回答是一个响亮的"No"。而且，他很快又加了一句类似的话："某某绝不能和其他人共享一个舞台！"

我至今还清楚地记得这些话。因为我在听他说这些话之前，参加过很多讨论小组——我知道他为什么会这样说。

幸运的是，我们有办法可以让参加小组讨论变成一种很正面的体验——你值得花时间和精力去参与。但是，要小心，在你决定之前，当你要组织讨论小组的时候，不能让某个人讲得过长。

另外，还要看小组的成员都包括哪些人。因为如果人数太多，前面又没有放置名牌的话，听众可能会不知道对方到底是谁。

你同意参加讨论小组的理由包括：

讨论的场所就在你的家乡，你不需要考虑去异地参加活动的时间安排和花费；

对方给了你足够的费用，涵盖了你的机票和其他一切的开销；

这是一个由资深的成功人士组成的小组，你可以由此和他们建立联系，这样对你的职业发展会有好处；

参加这样的小组或是那场活动能够抬高你的身价。你可能会很享受从小组的其他专家那里学到新的东西；如果你不参加，你就没有机会接触到这样高质量的小组。

所以，是否要参加讨论小组和是否参加演讲活动一样，你要问自己这些重要的问题：你为什么要这么做？这是一个一定要去问和回答的关键问题——万一这样的体验失败了，并未向前推进你的职业发展道路的话，你会产生挫败感。所以，事先想明白这个问题会帮助你减少将来可能遭受的挫败感。

总体来说，如果你加入了一个小组，那么，你做的准备会稍微少一些，压力也没有那么大。但是，别忘了，你是以一个见解值得一听的公共演讲者的身份出现的。

认真考虑你是否要参加小组，就像你考虑要不要接受演讲活动一样。不论对方是否给你付费还是这是一个免费的活动，不论是一个五个人的小组还是两个人的小组，你都是在与其他人交流——这可能会带来不必要的麻烦。

在你的演讲事业里，你的话语是你的纽带。演讲的第一准则是要出现在事先指定的地点，或是某个虚拟世界里、Skype现场活动中。（在虚拟世界中演讲和面对面演讲的情况有很大的不同，很多人都喜欢先参与讨论小组。)

如果你同意参加一个小组的话,这里有一些你该做的和不该做的注意事项。

小组该做的:

1. 准时。

2. 回答的时候简明、清楚。

3. 遵守分配给你回答问题的时间。

4. 对于你被邀请去演讲的主题,事先做尽可能多的研究和准备,这样你才会在这个主题的问题上显得比较博学。如果你已经是这方面的专家了,你应该更新你的信息,才不会让听众觉得你是在跟大家分享已经落伍的内容。

5. 和想要认识你的听众见面,并聊几句——这可能是他们来参加这个演讲活动,付了钱花了时间来听你演讲的一个原因。

6. 尽量让自己看起来很享受这样的体验——希望你实际上也是这样。

小组不该做的：

1. 不要独霸小组的时间！

2. 避免对什么都要再加上一句评论。

3. 不要在背后说小组其他成员或是同事的坏话，特别是如果你和这些人在同一间屋子里的话。

4. 审视你的语言。

5. 即使小组被媒体报道了，也不要说你不喜欢读《印度时报》《纽约时报》或世界上最受欢迎的网站上的头版文章这种话。

## 服务

每位演讲者都会服务于演讲的某一部分——也许是主题演讲中的一个小练习或是活动，也可能是在一个为期3天的工作坊里的一个20分钟的活动。

如果你被雇用去做一个服务者而不是一位演讲者，你要搞清楚服务者和演讲者的差别，还要确保你自己对服务者这样的角色是感到舒服的。

服务者，不像演讲者，不是作为向听众们提供内容的人或专家。相反，你的工作或角色是要协助会议正常地开展下去。

会议的规则是什么？什么时候开始？什么时候结束？会议的目的是什么？日程表是现成的，还是需要你帮助这个团队做一个？

如果这个团队有一个明确的任务要去做，那么，你的工作就是要确保团队成员对这个任务是明白无误的。

服务者的另外一个工作是要监督参与者，如果其中有人想要控制或者接手会议走向的话，你要及时阻止这种情况的发生。

另外，你还要鼓励团队中内向或是沉默的人参加团体活动；看到有人需要休息的时候要提议休息一下；还要时刻观察发生的情况并反馈给这个团体的负责人。

作为服务者，你的会议服务要善始善终。要对比已经做好的日程表去看哪些已经做到了，哪些还需要讨论行动计划。

你已经看到了——作为一个服务者和作为一个职业演讲者，二者是非常不一样的。服务者需要帮助一个会议顺畅地运作下去，所以，如果你没有经验，只是因为有人要你这样去做的话，你在接受一个服务者的任务的时候要格外谨慎——因为很可能是他们认为你是职业演讲者，那么你肯定也做得了服务者——但你自己应该考虑清楚。

还有一点需要记住：当你在举办一个工作坊的时候，作为学习体验的一部分，在做活动练习的时候，你需要在专家、演讲者还有服务者等身份之间来回切换。

## 祝酒

祝酒词需要的是积极的、正面的、赞美的语言。如果事先把你要说的写下来的话，那么，在现场就不太会出现那种令人十分尴尬的场面了。

如果你认为你不是那个最合适致祝酒词的人——不论是你最好的朋友的订婚派对、婚礼还是退休派对——你都要第一时间告诉组织者，这样他们可以去找其他的替代者。

被邀请致祝酒词，其实是一件很令人荣幸的事情，但是，在有些情况下，例如婚礼上，关于谁来致祝酒词是有专门的礼仪规定的。如果你并不是那个有资格致祝酒词的人的话，最好礼貌地拒绝这份邀请，这样就不至于在现场令自己和其他人感到尴尬了。

如果你接受了致祝酒词的邀请，请切记，祝酒词是关于那个被祝酒的人的，而不是关于你自己或是一些其他事项。如果你的朋友马上要退休了，你应该提到一些他在工作期间所取得的成就。如果你的兄弟要结婚了，你可以谈谈他的良好品质，再谈一两点有趣的孩童时代的记忆——你要讨大家的喜欢，而不是让他和现场的人感到尴尬。

没有人在意你到底是不是一位职业演讲者，或是你有没有把自己当作一位职业演讲者。你被邀请来演讲是因为你和被祝酒人的情谊，这才是你要关注的点。不要担心听众里是不是有顶级演讲机构的"侦察员"潜伏着，他会评判你说了什么、怎么说的……这不是评判那些东西的合适的场合。

但是，你会希望能把它做好，因为这会从侧面烘托那个被祝酒的人——所以你要尽自己的全力去做好。

## 讽刺和嘲讽

现今，讽刺、嘲笑类的"段子"广泛流行于人群中，甚至连电视里都在放讽刺性的节目，就像演员查理·西恩的节目。对讽刺类节目，你要么会很喜欢它，要么就会很讨厌它。不论好坏，我对它的态度属于后者。

我不想在讽刺性节目里说些什么，因为我知道这些讽刺都不会被当真——不管你对被讽刺的人说什么，观众都不会认为你是严肃、认真的。但是，我从小就被教育不要乱开玩笑，所以，当我听到讽刺的话语时，我都会认为它应该是认真的。我对人们说的话感到敬畏——哪怕还跟了一句"只是开玩笑而已"。

不过，如果你并不觉得这有多么严重的话，当你被邀请去一个讽刺类节目演讲，你要记住——那些在公众场合微笑待你的评论人在私底下可能不会对你笑。所以，你要搞清楚你要讽刺的人是谁。是你高中时的老朋友，还是你的老板？是一个有很强报复心的同事，还是一个和你一起打球的很有幽默感的人？

即使听众里面没有演讲机构的"侦察员"，你也要记住，听众中有很多人是有智能手机的。你所说的内容很可能会被他们录下来发布在社交网站上。

如果你要去参加讽刺类的节目，可以事先在你信任的人身上试一下你可能会说到的笑话，看看他们是怎么看待你的这些笑话的——是滑稽、机智还是让人觉得心胸狭窄？

要牢记，不管你走到哪里，"演讲者"或是"职业演讲者"这样的标签会一直跟随着你。

## 毕业演讲

我们中的一些人做梦都想回母校做演讲，讲讲毕业后都学到了些什么，然后被捧成校友眼里成功的榜样、整个学校的成功典范，甚至是全国或全世界的成功人士。

不论你被邀请去给中学生还是大学生做演讲，不论是去你的母校还是其他学校做演讲，也不论校方邀请你是因为你的名声还是因为你有背景，你都要认真对待——因为这是一份荣誉。

你可能不会因此而获得报酬，当然，也可能你会得到一些，但数量很少。或者，你还会选择把这些报酬捐给慈善机构。但是，请你明白——它不是一个和钱有关的工作，而是你回馈社会的机会——一个去影响下一代的机会。

你跟他们分享了你学到的东西，而且，在社交媒体和智能手机的帮助下，你的演讲还有可能展示给更多的人。

最后，你可能不光上了你所在城市的晚间新闻，还可能会上世界各地的新闻。所以，你的想法必须很有力，很有原创性。当然，你还要说话算数。

苹果公司的创始人——史蒂夫·乔布斯去世的时候，媒体采访了史蒂夫·乔布斯的传记作者。除了这些，媒体记者还找到了乔布斯2005年6月12号在斯坦福大学所做的演讲。

媒体记者发现，所有观看了那次演讲的人都被乔布斯去世的消息深深震惊了——他们应该会从中发现乔布斯思想的精髓——乔布斯在那次毕业演讲中分享了3点重要的内容，并且以"求知若饥，虚心若愚"这句话结束了演讲。

你可以在斯坦福大学网站上读到他这次演讲的全文——这是一篇非常优秀的演讲稿。

毕业演讲可能会是你曾经做过的最重要的演讲——如果你的孩子也是那些来听演讲的毕业生的一员的话——当然，那也可能是你被邀请来做演讲的原因之一。你感受到的压力会更大。

但是，请你注意，如果你要和其他的学生、学校老师或是嘉宾等分享关于你孩子的内容，你一定不希望那部分内容使得你的孩子在大家面前感到尴尬。

如果你被邀请去做一个毕业演讲，那你要先搞清楚对方希望的演讲长度是怎样的，以及对时间方面的硬性要求——因为可能会有其他的活动和演讲者，校方要确保每个环节都能按时进行。

所以，不要因为这是一个很棒的机会就一拖再拖。给你分配的演讲时间一旦超过，可能会打乱会议策划者的其他安排。

最后，问问你自己，假如是你坐在听众的位置上，你想听到些什么？演讲者说什么可能会对你这样一个即将毕业的人起到帮助？什么可能会改变你的人生？

## 纪念性的悼词

关于这类公共演讲的最好建议是：

. 说些发自内心的话。

. 简短。

. 避免说逝者的坏话。

. 当你去提到逝者个人生活或是鲜为人知的事情的时候，要避免说那些可能会令逝者、逝者的家人、朋友或雇主尴尬的事情。

## 总结

一个职业演讲者是有自己的特殊职责的。就像任何时候、任何地方发生紧急的医疗情况，大家会期待医生或护士能及时进行急救一样——当有人知道你是职业演讲者的时候，你可能需要准备好随时出来讲些什么。

当然，你也可以决定在那样的时候是否一定要去讲。我现在能记起来的是曾在我身上发生过的两件事。

一个我曾参与过的妇女团要在某个星期天举行早午餐会，一位原定要给大家演讲的成员忽然临时有事情不能去演讲了，这样一来就没有演讲人了。这个团体的主席问我，是否可以临时顶替这位演讲者。

我马上说："可以。"

然而，我不可想上场后才任由自己临场发挥。于是，我先坐了下来，拿出一张纸，写了一份10分钟左右的演讲大纲。考虑到听我演讲的人是一屋子学龄儿童的母亲，所以，我准备的演讲内容主要是关于家长如何鼓励孩子的创造性。

我去做了演讲，结果，那是我最好的演讲之一。

还有一次，我也是很意外地被要求做演讲。那天，我去参加一个由亲戚组织的资金募集晚餐会。其实，那次我只是想去拜访一位亲戚，因为我正好在场，就跟着这个亲戚一起去了那个晚餐会。

当女主人发现我也在活动现场的时候，因为她知道我是一名作家，就邀请我来讲几句。

幸运的是，我在演讲技巧上还是下了一番功夫的。所以，我可以马上应她的要求上去演讲。我稍微花了一点儿时间整理思路，做了一份关键点提纲，接着为来宾们做了一个10多分钟的演讲。

　　我猜想，这样的情况如果发生在你的身上，你可能会被击倒——因为你觉得不能随便应付，即使那个人是临时才和你说的。不论演讲的时长是多少，你都会思考很久——想你要在这难得的时间里给大家说些什么。

　　如果演讲进行得顺利，那些听众会认为：这样的演讲本来就毫不费力，你不需要事先做好准备就能去讲。

　　让他们去这样想好了！只有你和我知道：这是因为你对职业演讲者这样一个角色有着充分的理解，才使得你不论是在准备了一个星期、一个月、一年还是只有几分钟的情况下，就能站在听众面前给他们做一场可能只有几分钟但却令人印象深刻的演讲。

　　你做出了无言的承诺来确保你所说的每个字都算数，这让你有能力做出一个有力的、出色的演讲。我知道，你能做到，你也会做到。因为这就是我们职业演讲者应该要做的！

# 演讲过程中的设备

## 麦克风和音频设备

我并不打算在本章花全部的时间来讲你面对一个6人或是更多人的团体演讲时所需要的麦克风和音频系统的技术问题。但你需要意识到的是，技术方面的问题，有可能破坏（扰乱）一场原本十分出色的演讲活动。

坐在会场的任意一个位置的听众——特别是那些坐在最后排的听众，假如他们听不到你的声音，那对他们来说可绝对称不上是什么美好的体验。因为不管你说的是什么，内容有多么宝贵，他们根本连听都听不见！

所以，要留出足够的时间来检查音响设备——起码要提前一小时，最好是两小时。

你也可以选择随身带着自己的麦克风——如果你对衣襟麦克

风或手持式麦克风有偏好的话。但不论你是用自己带来的麦克风还是用会议现场提供的麦克风去演讲，你都要确保它们可以正常工作。

当然，如果你能在听众进场前去检查音响系统，那无疑是最好的了。如果听众们看到不专业的技术人员、演讲者或会议策划者在会议马上要开始的时候（或者已经开始后）还在场地中跑来跑去，高声叫着"测试，测试，一、二、三"；或是因为音频系统不能正常运作，还在做音响和麦克风检查，把听众的耳朵震得嗡嗡作响。我想，没有什么会比这种情况更让听众感觉你不专业了。

所以，当你第一次被邀请去演讲的时候，应该先搞清楚他们现有的音响系统是怎么样的，他们提供的麦克风是哪种类型的，你是否可以使用自带的麦克风，以及你演讲时使用的音响系统的情况等，你都需要和他们谈一下。

就像一位钢琴演奏家在演出前需要确保台上有一架可供演出用的钢琴——并且钢琴已经被调好音一样，对一名演讲者来说，音响系统的配置也很关键。

## 座位的安排

你可能会感到奇怪，本书的关注点主要是如何成为一名更好的演讲者，而我却要在此和你讨论座位的安排。这是因为，你如何安排演讲会场的座位，可能会影响到听众听讲的效果。

我们在前面的讨论中已经知道了，成人更偏好非正式的交流、学习环境。所以，在商业中心、酒店的会议室举办的工作坊都倾向于放置6~8人的桌子，参加者都坐在桌子边，而不是那种更加正式的教室一般的设置。

但是，如果你举办的工作坊要求参加者写很多东西以及做很多活动的话，那么，设置成教室的座位会更好一些——这样更方便参加者使用平板电脑长时间地写东西。

如果可能的话，所有这些都要事先去准备，而不要临时才去做。当你答应去做演讲的时候，就得先搞清楚那里的布置安排。如果你在这些事情上有发言权的话，不妨让会议策划者知道怎样的座位安排对你的演讲是最有利的。如果对方没有提供示意图的话，你也可以自己画一张。

如果你要在演讲中使用 PowerPoint 的话，这会关系到屏幕应该放置在哪里。如果屏幕在你的背后，而你想不转身背对听众就能看到 PowerPoint 上的内容，你就需要使用一个提词器或是电脑来为你显示听众所看到的东西。如果屏幕设置在房间的前面，你就可以在演讲的同时轻易地看到你所准备的视觉材料。

如果一个工作坊要持续2~3个小时，那么，有听众的参与就非常关键了。在这种情况下，我可能会要求另外一种布置方式。

我在荷兰的那次演讲，出席的人数很少，所以我可以使用活动挂图，这样效果也很好，还能保证听众的参与度。最重要的是，对于这个演讲，我想要的听众的反馈也是即时的。

## 其他演讲工具

一场杰出的演讲的精髓何在？无非是演讲者要说什么和演讲者是如何说的。但是，别忘了，有一些工具可以帮助你向听众传达信息。

现场并不是只有你、你的语言和听众，还可以有各种视觉辅助材料，比如PowerPoint。此外，那种虽然有点过时但仍然很有用的活动挂图，对于那种6~15人的小团体尤为有效。

在这一章里，我们一起看一下这些可以帮助你成为更有效率的演讲者的工具。

## PowerPoint

PowerPoint是微软公司开发出来的一种软件程序，在全球范围内被广泛用来制作演示内容。你可以在电脑上设计出你想要的PowerPoint，然后，在你演讲的时候用一台电脑（或是闪存盘）投影到房间前面的屏幕上就可以了。

如果你用的是苹果电脑，有配套的Mac版的PowerPoint可供使用。当然，你还可以使用Mac Keynote软件来制作你的演示材料。

我之所以会在本章介绍这部分内容，目的是让使用PowerPoint的人考虑一下，使用PowerPoint到底是帮助了他们的演讲还是拖了他们演讲的后腿；而对那些没有使用过PowerPoint的人，我希望他们可以考虑一下，在某些情况下使用PowerPoint是否有效。

第一个要考虑的是，你将如何使用PowerPoint。

PowerPoint是一种用提纲的方式把你演讲的要点展示出来，从而可以让你看到演讲是否在正常轨道上运行的方法。你或许会采用PowerPoint教练——迈克尔·蓝德勒姆在一个工作坊里推荐的那种方式来使用PowerPoint。他的观点是——你要集中在你要说的点上，适时地插入照片或是案例，并用一个或两个单词来标记一个点，以提升演讲的内涵，而不是划重点或是做总结。

这里，我得到授权从迈克尔·蓝德勒姆的网站上摘录了一些如何个性化地使用 PowerPoint 的内容。我想，这些内容应该能够帮助到那些希望用这项技术来协助自己演讲的演讲者：

当 PowerPoint 变成一种可以投射在屏幕上的提词器，演讲者只要大声读给听众听就可以了，于是，一屋子的人变成了愤怒的群众。

如何解决这个问题？这里有7条建议：

1.把倒霉的事情扭转过来：定期按"B"键，把屏幕变成空白，走下去，面对听众演讲。还有一个更好的办法，就是在你的几个重要的解说性的幻灯片之后插入缓冲的幻灯片——空白。去看你的纸质笔记。建立和听众的联系。给他们讲一个故事。你可能注意到，一旦你这样做了以后，听众的脸上会出现一丝放松的迹象。

2.修整内容：来听一次讲座，听众能吸收的有效观点也就是3~5个。所以，你要讲最关键的信息，同时删除那些无谓的枝节。你可以把删除的观点放到分发材料或者文章里面去，要克服那种想把每一点信息都强加给听众的冲动。

3.使用简单的语言：不要用术语。书写时，你所使用的语言会倾向于用那些复杂的、复合的文字。但是，口语就应该直接，易于理解。所以，你可以把这些演讲活动都看成是说话，而不是写文章。对同一个观点可以采用重复和多种方式来讲解。

4.给听众图画：用图形的方式来表达你的核心观点。图标、图画、示意图、照片、视频等可以投射在屏幕上的视觉表达材料都是很有用的。相反，文字是很抽象的智力表达方式，最好是写在纸上或是大声地说出来。

5.花时间练习："没有时间"是最常见的借口。执行官太忙了，所以她让她的助手帮她做了几张幻灯片，然后她就只要读一下就好了。如果她就用几张幻灯片胡乱地打发时间，却没有练习用它们来丰富、完善自己的演讲，那么，这样的演讲注定是失败的。

6.灵活：如果有这样的需求的话，给自己一个选择——去展示更多的图标。请一位助理在边儿上帮忙，按照你的要求切换到任意一张幻灯片上。这可以让你跳过不需要的材料，并根据听众的需求去调整演讲内容。

7.在一个时间段只做一件事：让听众要么选择读幻灯片的内容，要么选择听你的演讲——不要让他们同时两样都做。如果这是一个图表，在你开始解释之前，给他们一点儿时间来吸收和理解。和表演喜剧一样，PowerPoint的演示也需要你具备良好的时间控制能力。

一个很简单的事实是——PowerPoint不能建立良好的人际联系——这是一种负面形式的沟通，是一个没有结束的循环，以及一个没有可能的反馈。没有办法即时回应听众的顾虑，对演讲者而言是冷漠无情的。这就是听众会在PowerPoint前感到被淹没、很无助的原因。只有展示，没有参与、互动，你就没有办法感动听众。

## 活动挂图

我还是很喜欢用活动挂图的，因为你可以在演讲时配合使用颜色鲜艳的记号笔。特别是如果只有6~15人的情况下，大家坐在一个房间里，使用活动挂图保证房间里的每个人都能看清楚前面的图表。

使用PowerPoint演讲时，你需要在演讲之前就把内容做好。而对于活动挂图来说，如果有需要听众参与的活动，我就可以把听众贡献出来的内容做出来，或是写下来，然后自发地根据需要着重解说那部分内容。

如果你选择使用活动挂图，你要确保你的字写得够大、够清楚。如果你不习惯打印，而且你的手写字又很难辨认的话，你可以请一位听众作为你的秘书，帮忙写下你要在活动挂图上写下的内容。

### 其他视觉辅助材料

作为PowerPoint的延伸，或是一种让听众参与的方式，你可以考虑放一个短视频——这是一种很有效的展示你的观点的方法。这可以是一个你为了这个演讲而制作的微电影，或者是从某个电影中剪辑下来的一段——这能比文字更好地说明你的观点。

能增加视觉感受的辅助材料会给听众留下更深刻的印象，因为听众会认为你很重视这个演讲，才会那么不怕麻烦去找额外的材料。

但是，你要注意，你说的内容依然必须是有力的、令人印象深刻的，否则你会冒一种风险：你的视觉材料在你的评估中得了一个"A"，可是，相比之下，你的演讲却并未给人留下什么印象。

## 分发材料

我曾经去听过埃德·彼特的一个演讲，他的观点是没有人需要分发材料，所以，为什么不把这叫作"信息表格"呢？

这是一个很棒的观点，在今后的几年里，我都会尝试把"分发材料"叫作"信息表格"，因为这个说法每个人都能理解！

不论你叫它什么，目的都是一样的：在演讲开始前给参加者一张演讲进程的表格，或是在演讲的最后给他们，上面有演讲的概要和一些建议。

你也可以在演讲的中间给听众分发信息表格，特别是在你想让听众参与活动的时候。你要在需要听众填写的时候发给他们，而不是在一开始就发给他们。因为这样他们可能会去专心地看材料而不是听你演讲了。

再说那个好多年前我听过的埃德·彼特的演讲。他指出，分发的材料印上颜色，对演讲者来说可谓好处多多。在那个时候，用彩色打印机比现在可贵多了。所以，当时他提出使用彩色的分发材料而不是黑白的，无疑是一个很先锋的观点。但是，现在，有了喷墨打印机和镭射打印机，打印速度更快，价格更低廉。这让信息表格（分发材料）除了内容有用以外，视觉上也更有吸引力了。

作为演讲者，给听众分发材料的优势是——你有了另外一个机会去影响你的听众，可以再次加深他们的印象。你也可以把你的联系方式写在上面，这样可以有机会跟进听众的情况，也可以让他们与你联系。

## 道 具

我不是建议你变成一个魔术师，或是在演讲的时候准备很多把戏。但是，适时地使用精心选择的道具，可以把一个原本就很好的演讲变成一个对听众来说有魔力的、印象更加深刻的演讲。

如果你要使用道具，请确保你经过了反复的练习，这样你在现场表演时才会看起来很自然。你要让听众看上去是不费力气、天衣无缝的。否则，你会十分尴尬和难受。

有一次，我做了一个关于时间管理方面的演讲——我事先准备了一根魔法棒。当我在演讲中讲到类似"如果你可以一夜之间发生变化，就像这样"的时候，我拿出了魔法棒，然后在合适的时间用合适的方法打开它——得到的效果和我期待的一样——它是一个有趣的小道具，是用来加深听众的印象的。

如果你还没有用过道具，不妨采用"头脑风暴"的方式去想一下，你可以在演讲中使用至少哪3种道具？

# 演讲者最常见的 12 项挑战

作为一名演讲者，你要面对的挑战肯定不只12项。以下我单独列出来的这些都只是最常见的，是你需要学习如何有效应对的状况：

## 挑战1：你害怕演讲

虽然关于这一点我在本书中谈到过，但这个话题还是值得再次强调。

是什么引起演讲的恐惧？每个有过这种体验的人，不论是只有一次，还是就在你第一次做公共演讲之前，抑或是你每次去演讲都会发生，这个问题对不同的起因有不同的答案。但是，如果你有"舞台恐惧"的话，通常是出于以下几种主要原因中的某一种：

1. 你对于自己的演讲技巧不够有安全感。

2.你认为对于这个话题或是演讲你没有准备好。

3.你从没有被邀请做过公众演讲，所以你不知道怎么办。

4.你上一次演讲的时候，发生了很糟糕的事情。

5.演讲是你遇到的一种新的情况，而新的情况正是你害怕的。

我们一起来看一下如何处理每一种原因引起的演讲恐惧——这样你才能正视演讲，甚至可能爱上演讲！

问题一：你对于自己的演讲技巧不够有安全感。

加入你当地的演讲者国际组织（比如 Toastermasters），并参加他们每周的会议，以获得更多在团体面前演讲的经验，并通过这种方式来建立你的自信。

如果你喜欢自己练习的话，请你的家人或是朋友当听众。如果你可以在他们面前演讲的话，不妨用这种方式来练习。如果你没有其他的选择，起码你可以在镜子面前练习，或是一个人练习。

两年前，我曾经在荷兰的一个国际演讲峰会上听过一个给我留下深刻印象的演讲。那是一个通过 Skype 软件对一屋子好几百名听众做的演讲，内容是关于当我们的大脑听到我们大声地说出心里话时，大脑会发生什么。

这次演讲让我明白——你一定要经常练习演讲，而不只是去浏览你的笔记。

只有这样，你才能变得更加自信，才能克服自己的演讲恐惧。

问题二：你认为对于这个话题或是演讲你没有准备好。

如果你认为自己还没有准备好，那可能你确实还没有准备好。这样就需要做更多的准备。

如果有必要，可以写下你的演讲内容。我所做的一些最好的演讲就是我事先写出来的。我会先做出一份提纲，然后用这份提纲去做演讲，而不是把全部的内容都写出来。

在一些情况下，我甚至把自己写出来的演讲全文作为文章发表了，或是把这些作为一本书的基本内容。是的，把我计划要讲的写出来，可以帮助我成为演讲的主人，而且建立起信心。如此一来，我在面对听众的时候就不那么害怕了。

这需要你对自己的演讲主题做深入研究，并且给自己大量的准备和练习时间。虽然这是老生常谈了，但我还是要再说一次：不要拖到演讲前的那个晚上才去做准备。

是的，如果你是在演讲的前一天晚上练习也是可以的，但是，你的准备工作应该在几天前、几个星期前甚至是几个月前就开始了。

问题三：你从没有被邀请做过公众演讲，所以你不知道怎么办。

每个人做每件事都要有一个开始。在英国，我曾经面对很多听众做过关于我的写作历程的演讲，我也曾经在大学里做过演讲，但是这些都是免费的。后来，当我受邀做付费演讲的时候，主办方给我的酬劳很可观——当时有位演讲者因故无法到场，因而由我顶替他演讲。此人十分友善，他要求主办方把原本应该给他的酬劳全部给了我。

我当时愣住了，而且心里很害怕，就好像我从来没有做过演讲一样。我的好友是一位演员，于是我问他是否能和我一起来准备这个演讲。随即，我们一起为这次演讲做了精心练习，最后呈现的效果确实非常好。这就证明了——和一位演讲教练一起练习确实很有价值。

马克·瑞斯帕——一位商业演讲教练——他在一次沟通中和我分享的关于他从第一次演讲中学到的东西。他开始人生第一次演讲时只有16岁，从演讲中学到的东西让他受用终生：

当我还是一个16岁的初中生时，美国国家高中荣誉生协会的老师鼓励我参加这个组织在佛罗里达州的分会主席的竞选。

我从没有参加过这种竞选，所以我当时很不情愿地答应了下来。幸好，我的老师、父母还有当地的伙伴们承诺会帮助我。不久后我，们一起去了在佛罗里达州举办的竞选会议——我将和另外两名候选人展开竞争。

这个活动的高潮是一个面对分会的全体成员(大约有500名从各个地方来的和我年纪差不多的青少年)做演讲。我在这之前的几个星期里一直在写演讲稿。我一次次地重写，一遍遍地重新定义演讲的内容。

我从来没有在那么多人面前做过演讲。当轮到我的时候，我走上讲台，看到台下那么多人，我的心情十分激动，眼里开始闪光。

在我介绍完自己之后，听众们安静了下来，然后开始听我的演讲。我照着精心起草的演讲稿读了起来。然而，由于太激动了，我竟然连话都说不溜了，握着纸的手也开始发抖。我心想，大概自己是没戏了。

忽然，我也说不上来是什么原因（难道是有神灵的干预?),在接下来的5分钟左右的时间里,我放下了手里的纸,抬起头,面对台下的人,清晰地对他们讲述着我准备了几个星期的内容。

我完成了人生的第一回演讲,结尾也很有力——我从中学到的内容让我受益至今。

我应该发自内心地说出自己想说的话,这才是对我来说最好的方法!

在后来的演讲中,我总是准备充分,并做大量的练习。但我认为,最主要的是把主要的几点内容记下来,这样演讲者就可以和听众做眼神交流,进而和他们产生连接。

问题四:你上一次演讲的时候,发生了很糟糕的事情。

你可能是得了PTSD——创伤后精神紧张性障碍。在这种情况下,你再次面对演讲的时候就好像是重新面对一场战争,或是一次非常严重的心理病——这会让你感觉非常虚弱。

然而,幸运的是,现在有很多心理学家、精神病医生、社会工作者、治疗专家可供求助,此外还有专门帮助人克服PTSD的教练。

不过，你要记住，不是每次演讲都是非常成功、令人难忘和妙不可言的。你会经历一些不那么好的演讲。正视这个事实，并和这个事实共存。然后，尝试分析它为什么不好的原因——这其中有没有什么经验能帮助你下次做得更好？

尝试用一场积极、正面的演讲记忆来替代创伤性的演讲记忆。如果你从一场演讲中得到了非常棒的证明书，再去重新读一下。把那些内容打印出来，贴在你的墙上。通过重读这些内容，你会获取积极的能量。当正面的次数超过负面的次数的时候，你的感觉就会变好。即使上一次你的演讲进行得并不顺利，你也能向着正确的方向发展。

从平均法则的角度来讲，如果你大部分的演讲都很好，那么下次你的演讲也更可能会是一个正面的体验，而不是负面的体验。

问题五：演讲是你遇到的一种新的情况，而新的情况正是你害怕的。

是的，面对新的团体去演讲，用新的主题去演讲，甚至还是同样的主题只是换了一群听众，都会带给人未知的恐惧感。但是，你应该知道——未知也是一种令人兴奋和高兴的事情，并不是只有恐惧可言。

回想一下你小时候去上学的情形。你一开始也是很恐惧，但不久后，恐惧就被快乐和积极的体验所取代了。

这里有一些可以克服第一次在舞台上演讲恐惧的有效方法：

1.客观地评价自己。想想过去你那些成功的演讲时刻，要明白，如果邀请你去演讲的人认为你无法胜任这个任务的话，他们是不会邀请你去演讲的。

2.做深呼吸。

3.演讲者多蒂·沃尔特斯是她自己创办的演讲机构的领导者，她倡导用"精神视觉化"的方法来克服舞台恐惧。她设想能看到她的孩子被一条粉色的、柔软的毛毯包裹起来放在床上——对她的家人来说，这条粉色的毛毯就是一个"安慰剂"。"我把整个会堂想象成充满了这样的安慰剂"。沃尔特斯在《演讲致富》一书中这样写。

4.练习，这样你会更有自信。

5.在《带着信心演讲》一书中，戴安娜·布赫写道："卓越的演讲的秘诀是——尽管紧张，但还是要继续演讲——事实上，你应该让紧张的神经为你所用。想象一下，紧张和多余的肾上腺素充满了你的身体——它们是作为一场优秀演讲的催化剂而出现的。"

6.做运动。

7.提醒自己，甚至是一些优秀的演员和音乐家都承认他们在表演前有舞台恐惧，但是，他们最终克服了那份恐惧，让自己站到了台上。

## 挑战2：有人走了出去

当我做关于时间管理的工作坊的时候，我会说："想象一下可能会发生在你身上的最坏的事情，然后想象你是如何应对它的。"

在演讲的过程中，有人或者多个人在你演讲的时候走了出去，可能是你在进行公共演讲的时候遇到的最令人害怕的事情了。

如果这种情况发生了，怎么办？还能继续下去吗？

如果你要面对很多人去做演讲，那么，迟早有听众会走出去的。一定不要把这种情况怪在自己身上，因为有可能它和你一点儿关系都没有。

也许他们只是要去一下洗手间，或者收到一个短信需要去回复一下。他们离开也有可能是你所讲的内容并不是他们想要的或是需要听的。这和你也没有关系。忽略他们，让他们走好了，继续给那些留下来听你演讲的人演讲。

忽略那些人是重要的，并且，不要把注意力放在那些离场的人身上，特别是要避免去"攻击"那些正在往外走的人。如果你使得他们感到尴尬，听众也可能会感到不安。

## 挑战3：你得到了嘘声

这些没有在我的身上发生过，我也希望永远不会发生，但是它还是有发生的可能性。

最近，我在网上浏览新闻的时候，看到这种事情居然发生在美国前总统巴拉克·奥巴马做演讲的时候——因为当时他邀请了弗农·戴维斯——一个从旧金山49人队转会加盟芝加哥小熊队的球员。

在之后我查找到的更多资料中，我发现米歇尔·奥巴马——前美国第一夫人，2012年1月，当她去弗吉尼亚的一个学校做一个关于健康午餐的演讲的时候，学校里的孩子也是嘘声连连。

连总统和他的夫人都会被嘘，但他们都挺过来了，那你为什么不能呢？

仔细分析那些和演讲相关的"灾祸"（或是令人不愉快的情

形），你最好能找出它为什么发生的原因（或是事后仔细回想当时的演讲，分析一下哪些起到了效果而哪些没有效果，以及为什么会这样）。在被嘘的情况中，你也要确定：

1.你讲的内容是否有争议。

2.你讲的内容是否冒犯到了听众中一个或者更多的人。

3.你提到的一个人名、活动或是地方有负面的内涵。

4.这个嘘的人是否以嘘每位演讲者而出名。

5.一些其他的原因。

如果是第3个原因的话，你下一次面对类似的听众做演讲的时候，就应尽量避免提到这些会引发听众负面感受的名字、活动或是地方。例如，如果你在印度的新德里说"印度最好的城市是孟买"，那你很可能会被嘘。

如果你不说这样的话，或是换个说法，例如，"关于印度最好的城市是哪里，其实还存在争议"，这样可能被嘘的可能性就降低了。

如果是第4个原因的话，你可以尝试把这个人请出演讲的现场。

如果是第 5 个原因的话，你可以在未来查清楚，这样你就可以从中学到经验教训。

如果演讲的结论对你的演讲至关重要，而且你知道那个结论是有争议的，可能会引发责问或是嘘声，但你无论如何还是要做出结论的时候，那就不要把嘘声放在心上。

如果你是一名演讲者的话，就像大家常说的——"你本来就是会遇到这些的"。

如果你觉得你受不了哪怕是偶尔的嘘声，那你可能要重新考虑一下——你是否有足够的能力应对这样的职业挑战。

## 挑战 4：有人一直打断你

如果有人一直打断你的演讲，而且你已经告诉过这个人把他或她的问题留到演讲最后去讲的话，那你要小心了——听众们有可能是站在一直打断你的这个人一边的。所以，你还是要很友善、很礼貌地问这个人，是否可以把他或她的问题留到最后，因为这样会打断你思路的连续性。

如果你十分懂得运用幽默这种说话技巧，你可以让你的话听起来好像并不是在怪罪这位听众。你可以问这位一直打断你的人需不需要用一下讲台，替你继续这场演讲？他或她很可能会听懂你的暗示，知道他们持续的打扰是很令人讨厌的。

如果你的听众对这种打断觉得没有问题，只有你觉得很讨厌，那你就大胆回答吧——回答这个人的问题，或是最后再请他或她来提问。把这种情况当成你必须要去处理的事情。关键是不要丧失冷静，也不要口头攻击这位一直打断你的人，否则其他人会认为你是充满攻击性的、感觉迟钝的人，那可是会出事的。

在某些相关的情境中，除了起哄的人，你还会看到在底下打瞌睡的人——特别是那人还坐在前排，那显然你是能看到的。我需要再次提醒你，这时，不要生气！

如果你之前遇到过这样的情况，而且你本身就很幽默，你知道幽默在这个时候能派上用场，而且不会添乱，那你就可以用幽默的表达来化解这种场面。不过，通常来说，你最好是什么都不要说，继续往下讲即可。

这也是很多演讲者在演讲中加入听众参与环节的原因——不论演讲是短还是长。

以前，老师通常还会采用另外一种方法，他们会说："同学们，让我们站起来做一下拉伸运动。"

这也是一种能让听众不至于睡着的方法。此外，你还要检查一下房间会不会太热。如果听众从早上8点就坐在那里听演讲，一直听到下午晚些时候，而房间里还很热的话，那无疑是会让听众感觉困倦的。

## 挑战5：你的电脑（或PowerPoint）罢工了

谁没有遇到过这种情况呢？

你要知道，这种情况非常普遍——可能比你想象的还要普遍。因此，很有必要在演讲前准备一份打印出来的材料以防万一。

如果你的PowerPoint里面还要嵌入图片和视频的话，那你要确保你有其他可以替代的内容来填满那段空白。或者，当你不能用电脑上的PowerPoint做讲解的时候，想其他办法把这一节内容讲出来。例如，你本来计划是要在屏幕上播放一个小动画，而现在你可以在讲台前给听众展示一幅图片。如果图片不够大，不能让所有的人看清楚的话，你可以用细节对这幅图片进行描述，这样有些听众即使看不到图片也可以在脑海中去想象。

如果因为PowerPoint罢工而不能按照计划展示视频，你也可以给听众总结性地讲一下视频是怎么样的。如果视频的内容是可以扮演的，你可以询问一下现场的听众，看看有没有一位或者几位听众愿意把你告诉给他们的那些场景表演出来。

如果这样的情况发生了，尽量不要让自己就这样被打垮了，或是觉得困难重重、过分焦虑。基本上，每个人都遇到过不能用PowerPoint来演讲的情况。造成这种情况的原因有很多，有些是因为没有把幻灯片做出来，有些是因为忘记带闪存盘，还有的是因为电脑故障。

遇到这样的故障，你需要回到演讲本身，就像你在没有使用PowerPoint之前那样，确保你的内容是连续的、有趣的，并且保证你的演讲是可控的。

如果你觉得可以把PowerPoint资料分享给听众的话，你可以告诉听众，你把PowerPoint材料发布在了你的网站上，这样他们就可以在一定时间内自行下载——这样他们也就不会错过本可以从你的PowerPoint里获取的内容。

同样的事情发生在纽约韦斯特切斯特县的一名网站设计师简·米尔查达尼的身上。她在一封邮件中和我分享了她经历的一次演讲"事故"，让我们来看看她是如何扭转局面的：

> 我的故事简直是以恐怖片开头的，但是，最后却成了我最好的演讲之一。我当时在做一个为期半天的

关于在线营销话题的工作坊，听众有30多个人，都是女性企业家。我在演讲之前做过彩排，当时幻灯片的播放也没有问题。我还把所有的内容备份到一个U盘里以防万一……

正是因为我把材料做了备份，而且希望能节约用纸，所以没有把材料打印出来。

工作坊开课那天，我很早就到场了。然后，我打开了便携式电脑，每一样事情都进展顺利，直到我的笔记本电脑开始安装更新程序，接下来电脑居然不能重新启动了！

当时，已经有人开始陆续进场了。说实话，我当时心里有点恐惧，因为工作坊要持续3个小时，这样我讲的时候就没有内容可以参考了！

于是，我决定把我原定的演讲内容放到一边，转而去做一个很长的问答环节。开始以后，先是有人为我做了介绍，然后我就站起来，把工作坊的计划安排告诉大家。

我先讲了想要谈的几个高水准的话题，然后就让听众分享了她们的经验，最后问她们如何解决那样的问题。

这次工作坊结束的时候，大家收获都很大。不断有人上来感谢我，然后问我更多的问题！

## 挑战6：听众不想听你事先准备好的话题

在这种情况下，你要去讲听众希望你讲的内容。但是，有时候，因为种种原因，你发现听众并不想听你正在讲的内容。

你要确保你对当前情况的认识是准确的。在你得出听众想要听另外一个演讲内容之前，你要先确定你的"直觉"，或是对他们的肢体语言的解读是准确的。

你可以像这样问："我感觉你们大家对我今天要讲的内容不太感兴趣。我猜得对吗？"

听一下你会得到怎么样的答案。

如果一些人回复说："是的，正是这样。"你可以再问："为什么？"

在你下意识地想转换到另外一个话题前，你要先搞清楚原因。

我记得，几年前我被邀请去旧金山，给一家媒体公司的员工做关于时间管理的演讲。当时，尽管我发现有不少听众看上去心不在焉，心思明显游离于演讲之外，但我并没有停下来。

那个时候，我还不是一个很老练的演讲者，所以，当我发现了来自听众的这些迹象后，我并没有想到要搞清楚到底是怎么回事。

如果我当时能问一下他们的感受，而不是在那种不舒服的气氛中一味坚持那天的日程安排，我想，我会在工作坊结束的时候学到些东西，而不是事后才明白——当时我的演讲即使再精彩，听众也不会买账。

原来，那天早上员工们得知——这家公司将被收购。所以，当时他们关心的是在这样的变故发生之后，他们的工作还保不保得住，而不是什么"如何管理自己的时间"这样的问题。

所以，如果你的听众用语言告诉你，或者是他们的肢体语言在暗示你——他们感到厌倦、生气或是对你讲的这个话题不感兴趣。你要找出原因。如果你也认为应该换一个话题的话，那就立刻换。

你站在演讲台上，就是要为听众服务的。如果你服务得好，你其实也是在取悦你的会议策划者。（即使那是免费的演讲，你还是希望听众可以听得高兴，因为时间也是金钱，而你不想浪费听众的时间。而且，如果你讲得很出色，免费的演讲也能为你带来付费演讲的机会。）

因此，如果你需要换另外一个话题的话，就要有现成的另一个的演讲主题的提纲。如果没有的话，那你可以把当年进行的演讲变成一个集体讨论。

## 挑战 7 : 你忘了你要讲的内容

2011 年 11 月，英国的《每日电讯》曾对当时的一位总统候选人里克·佩里做了一番描述——起因是 2011 年 11 月 9 日那天的总统竞选演讲中，佩里忘记了他要说的内容。

州长里克·佩里经历了美国总统竞选演讲历史上最失败的时刻，当时，他花了有将近一分钟的时间都没能想起他发誓要废除的那个政府部门的名字。

州长里克·佩里的记忆错误是颇富戏剧性的一个例子，这样的事情如果真的发生了，那不论对听众还是演讲者来说都是很苦恼的。

但这样的事情有时候确实会发生，当它发生的时候，你会感觉那是世界上最尴尬的情况了。然而，我会告诉你——即便是在全世界最棒的专业人士的身上也会发生这样的事情——起码每隔一段时间就会有这样的事情，虽然你可能不会相信。

这里有些应对这类情况的建议：

1.如果可以的话，不要惊慌失措。恐慌会使得情况更糟。

2.你有演讲的提纲吗？不管是你的 PowerPoint 还是你的笔记，如果你有提纲的话，不妨参考一下。看看能否帮你回忆起演讲的要点，使得演讲尽快回到正常轨道上。

3.如果你一时半会儿没法回想起来，不妨对听众坦白——你想不起来要说的内容了。你可以说："请给我一点儿时间，我忘记我要讲的内容了。"或者"请原谅，我暂时有点失忆了。请让我想一下我要讲的内容。"给你自己一点儿缓冲的时间，然后尽快回想。

4.如果你的记忆出现了短暂的空白，你可以说："我刚才说了什么？"这可能会帮助你想起你接下来要说的内容。

5.如果你预料到这种情况可能也会发生在自己身上——因为之前就曾发生过或是你担心它会发生，而你有其他现成的笔记、话题或问题可以转换演讲话题的话，你大可以继续进行演讲，而不是停留在你的记忆出现空白的地方。你可以说："让我们继续往下"，或是其他过渡性的句子来帮助你继续演讲。

## 挑战8：你要演讲的主题曾经有人讲过了

对于这样的情况，这里有两种极端的处理方式。

第一种是基于我在最近参加的一个媒体会议上观察到的方法：有人站起来演讲，他告诉大家，前一位演讲者把他准备要讲的内容全部讲到了，因此他会给大家讲一个很简短的演讲。

用这样的方法，他处理了这种猝不及防的窘况。我猜，你可能也会倾向于用这种方法——因为重复同样的观点会让听众感到无聊。

面对这样的突发状况，这里还有另外一种方法——源于我自己的一次遭遇。

几年前，我受邀去拉斯维加斯做一个主题演讲——在一个军队图书管理员会议上做关于工作关系的内容演讲。那是一个为期5天的会议，我被安排在最后一天做演讲。结果，我发现，在我之前的一位演讲者要讲的主题和我的很相似。

我很担心，难道我要给听众重复一遍之前那位演讲者讲过的观点吗？于是，我提前几天到了那个会议上，听了前面所有的演讲，包括那位演讲者的演讲。等轮到我讲的时候，我相应地对演讲做了一些调整，这样我就不会重复前面那位演讲者的观点了。

　　如果你知道有其他演讲者要讲和你类似的话题，而且你参加那场演讲的花费从时间和金钱来说都不是很多的话，那么，你不妨改变话题——没有什么能比让听众听到第一手的信息更好了。

　　不过如果你没有办法那样做，那你看看自己有没有办法能拿到前一位演讲者的演讲资料。可以从邀请你去演讲的会议策划者那里拿一下，或是等那位演讲者演讲结束后，向他或是她本人要一下。（你应该等到他们的演讲结束，否则他们可能会认为你是要抢他们的戏，还有可能会引发他们的自我意识，这样他们有可能会在最后一分钟改变他们演讲的内容。）

　　如果这位演讲者恰好在你之前演讲，我最近就看见到过一次这样的事，对方根本没有那么多时间来修改自己的演讲词。但你可以延用前一位演讲者的内容以避免冷场。为听众总结前一位演讲者的要点，也是你要讲的要点，应当用一种向听众强调的方式而不只是总结前一位所讲的方式。

　　然后，在这些要点中加入一些你自己的观点和案例，用这种方式你可以让听众感觉到新鲜感。你不是在重复同样的东西，你在说一样的要点，但是却加入了你自己独特的领会。

　　最后，做一个和你之前准备的完全不一样的演讲。在同一个时刻，你有很多备选的演讲可以做。为了以防万一，你可以随时准备一些可以做的演讲的提纲。在特殊情况下你就有可能用得上。即便你只有很短的准备时间，你也可以在桌子上的餐巾纸上写下你的提纲或是笔记，或是写在手机里。如果可以的话，练习一下，即使是跑到附近的浴室里去才行，或是附近的一间空屋子。练习一下你的开头和结论，如果可能的话，中间的部分也要练习。

做这种临时的演讲，你也可以充分利用当天发生的新闻。如果你要在一个酒店做演讲，里面通常会有一些精选的本地、全国甚至全球的报纸，你可以购买或使用它们。如果可以上网的话，那就更好不过了，这样你就可以上网去找一些你想放到演讲中去的信息，这样你就可以和前一位演讲者讲得不一样了。

当你陷入可能会重复、拷贝他人的情况下，你要能把这个局面扭转过来，让听众感觉你是自然而然的、临场发挥的，能量十足的演讲者。

## 挑战9：你要说的内容都被说完了

为了避免这种情况的发生，你要确保有一些额外的材料，以备不时之需。这些材料可以是演讲关键点的更多案例，或是一些你读过的相关文章。如果可能的话，还可以放一段短视频作为视觉补充材料。

还有一种处理办法是，如果你不认为这样做有什么问题，或是这样做会给你带来负面评价，你可以早一些结束你的演讲。你可以提前15分钟左右结束演讲，而不是为了准时结束而故意磨洋工。

那么，如果在问答环节听众一个问题都没有呢？

做一个结束前的破冰环节怎么样？让听众转向他们不认识的人，说一下在今天的演讲中他们认为哪个环节最打动他们？这个环节可能会花5~15分钟。

你也可以让听众来分享他们关于你演讲的这个话题的一些看法，这样剩下的时间就被很好地利用起来了。

## 挑战10：时间到了，可你要讲的内容还没有讲完

这是和第9种状况完全相反的状况，前一种状况是你按照你要讲的去讲，结果还有时间剩余。但是，如果你还有内容要讲，可分配给你的时间却到了。这时，你该怎么办呢？

你可以看一下现场的情况，看看听众是否可以再待5~10分钟，这种长度一般是没有什么问题的，也不会让听众对你有不好的印

象，会议的策划者也不会认为你这样做是故意不遵守演讲规则。

如果你觉得没来得及跟听众分享的信息是非常重要的，你可以告诉听众，你会在网上把没有能讲完的内容发布上去，这样听众回去后就可以自行下载。

如果你发现你的时间快要结束了，但是剩下要讲的内容却大约还需要5~10分钟左右才能讲完，那你可以把这些内容压缩在1分钟内，这样起码能保证你可以把主要的意思讲完。

如果你发现这种情况经常发生，那你就要事先做好计划，控制好自己的演讲速度，并保证你可以在预定的时间内讲完全部的内容。

## 挑战11：你不愿意去做演讲

职业演讲者去做演讲，不论收费与否，只要他们答应要去做这个演讲，就已经开始为自己发声了。

关于你演讲的公告或预告可能会出现在社区新闻上，或是出现在网上。如果是公共活动，那么，组织者会提前几天、几周甚至是几个月就发布公告或预告。于是，你的声誉，协会的声誉，图书馆、书店、邀请你去演讲的公司的声誉都和这个活动关联起来了。

　　除非是由于生病或天气恶劣，或是一些确实情有可原的情况导致你不能去演讲，其他情况下，不论你愿不愿意，你都要去演讲。如果你是因为一些不能预见的紧急情况而不能去演讲，你可以问一下，是否需要你提供一个代替你去演讲的人选。

　　这一般是不太可能的，但是，如果你这样说的话，对方可能会很感激的。

　　如果这是一个付费的演讲活动，你可以再检查一下合同——如果你无法去演讲的话会怎么样。你需要偿还费用吗？你是否可以找一个替代者去演讲？

　　事实上，每位演讲者都遇到过这种不想去演讲的时候，不论是因为他们心情不好，还是他们的职业生涯中发生了一些事情，或是个人生活中出了变故，这都会分散他们的注意力。

　　如果演讲地点是在另外一个国家或地区，那就要涉及好几天或一周的时间，那破坏性就比较大了。因为演讲活动通常是几个月前甚至是几年前就策划好的，当你接受邀请的时候，肯定是非常喜欢这个演讲主题，甚至是喜欢这个行程本身。可是，随着时间的推移，你的热情黯淡下去了。

　　然而，你是一位职业演讲者，即使你不把自己看成是一位职业演讲者，你也应该表现得像这样的人。这就意味着，即使你不想去演讲，你也要坚持去，还要尽最大的努力把这个演讲做好。那句演员们经常说的话——"演出必须继续"——对演讲者来说同样适用。

## 挑战12：当你对不同的听众讲述同样的主题

全美演讲协会创始人卡维特·罗伯茨过去常说，换听众比换演讲的内容要容易。这是一个很有力的观点，对那些一直在考虑是否应该准备几个不同的演讲版本的人来说，这也是一个很好的、让他们安心的意见。

然而，如何给内容基本相似的演讲增加一些新鲜感，使得听众不会感觉陈旧过时？这里有一些小窍门：

1. 可以从报纸的题目或是你自己的研究材料中找出新内容，将之插入演讲，或是将不同的案例插入进去。这样，你的演讲还是原来的，但是，用来加强其效果的事实和趣闻轶事却不同了。

2. 邀请听众参与互动，并让听众分享关于特定问题的看法，这样他们的看法也能给你的演讲带来新的生机。

3.如果你一直做类似的演讲，讨论一下这些演讲的相同和不同之处——通过这样的比较，你学到了什么？当你想要变化的时候，你会避免重复讲述一个标志性的故事，因为那对听众来说已经很熟悉了——而且是太熟悉了。但是，这个同样的点并不会让新的听众觉得厌倦。记住，尽管你的材料可能是相似的，但是，你总是会有新的听众的。

4.而如果你要对一群同样的听众发表同一个演讲的话，你最好能事先知道这一情况，如果可能的话，尽量增加一些新的材料，这样就不会有听众感觉它还和原来一样一成不变了。

第十一章

# 作家应该如何去演讲

我有一个经营演讲机构的朋友，有一次她告诉我，她负责请一个国际知名的畅销书小说家在一个团队的午餐会上做20分钟的演讲。他们提供的出场费是4万美元，外加报销所有的额外费用。这个小说家是怎么回复的？他回了一个响亮的"No"。

因为这位作家讨厌做演讲。这个演讲机构惊呆了，竟然会有人拒绝去做一个说上20分钟就能拿到4万美元的演讲。这位作家不缺钱，他很清楚自己喜欢和不喜欢做的事情——不论他是不是一位好的演讲者，起码他能以自己独立的经济能力来拒绝不喜欢的事情。

相反的，我在十年前和一些作家一起受邀在一个地区性的图书馆会议上做演讲。我有几十年的职业演讲经历，同时还是个作家。但其中有几位作家并不是老练的演讲者。有一位作家太紧张了，他只好读了他的书。说实话，他读得都对不起他写的内容。

那次，我们大家都是免费演讲，而如果是拿了4万美元的出场费去演讲，那么你就一定要讲好，否则会损害你的写作事业，甚至可能会对你的书的销售情况产生不良影响，还会影响到你的声誉、你的自尊。

其实，这位作家本可以在邀请他做演讲的时候就拒绝的。但是，几乎所有的作者、图书出版公司的宣传部门，还有自由职业的图书出版人和文学代理人，他们都觉得应该把握住这样的演讲机会——这样的机会能促进某些书的销量。

尽管如此，如果你真的不擅长站在台前讲些什么，不论你只是说上10分钟，还是要讲45分钟。这可能不光对你的写作事业起不了良性的作用，反而可能会阻碍它。

你也可能是那种天生就很会说话的人——尽管你把自己定义成是一位作者而不是演讲者。如果是这样的话，这一章对你依然可能是有用的，因为这样你就多了一些选择。

如果你天生不擅长演讲，而是需要通过后天的努力练习的话，那我也要告诉你一些安慰的事情，大部分的演讲者都是通过不断练习才在听众面前感到更自在，讲得更好，从而让听众获得更好的体验的，同时这样还能增加你的书的销量。

所以如果你要去做演讲，哪怕你的主要身份是一位作者，你也可以考虑投入一些精力成为一个好的演讲者，甚至是一位杰出的演讲者。如果你不想提高你的演讲技能，不想知道如何打磨你的演讲技巧，让它变成撒向听众心间的"种子"，并用来提高书的销量或是吸引他们去看你的文章，那也不是不可以。

在你做出决定之前，我们还是一起来看一下你之所以应该成为一个好的（或是杰出的）演讲者的原因吧。

## 演讲带给作家怎样的好处

作为作者，为什么你应该在演讲中投入更多时间和精力：

1.这一点对全职写作者来说尤其重要。因为没有其他的事务能让他们从电脑（便携式笔记本）中解放出来，去同从其他地方来的人接触。但是，演讲则可以迫使他们更广泛地和他人接触。

2.在为演讲做准备的时候，你需要做大量的研究，这些研究的内容完全可以支撑起一本书的内容。我之前提到过，我的第一本书《蔬菜的热情：素食者思想状态史》就是这样出来的——它源于我大学时期公共演讲课上的一个演讲。

3.如果你在一个主题上做研究，你也可以通过对听众做调研的方式来获得一些有价值的想法（这当然要获得听众的同意）。你可以给参加者分发一份调研问卷。

4.演讲可以为你增加一份写作之外的收入。

5.如果你被允许在演讲的时候销售你写的书，那么，你又多了一个售书渠道。我提到过，我曾在新泽西州的一个午餐演讲会上做过关于友情的主题演讲，我在现场演讲结束后卖出了98本书。当然，你也可以通过其他渠道售卖你的书，但这样的现场售书方式可以让你见到读者。

6.如果你是去书店参加一个作家分享活动，可能会有更多的人来参加——因为他们知道你会做演讲，而不仅仅是签名售书。

7.演讲无疑能让你变得更有名。

8.你可以通过为某个话题准备一个演讲来整理你的研究思路。

9.你可以认识除了写作者之外的一群人：演讲者、

演讲机构经纪人、会议策划者、人力资源经理、主管、公司里各个级别的员工以及协会的领导。

10.如果你受邀去其他州或是国家演讲，你还可以有免费去你梦寐以求的地方旅行的机会。

11.如果你想要找个理由不去写东西，或是暂时从你正在写的内容中抽离出来，做一个演讲就是一个很好的理由。

12.你会在演讲前、演讲时和演讲结束后感受到有一种和写作前、写作时和写作后不同的兴奋感。

13.写作项目（特别是写一本书）在时间上会拉得很长，很难做到短时间内完成。但是，你可以在短时间内完成一次演讲。

14.你还可以从听众身上学到东西。你甚至可以从听众的反馈意见中得到一些灵感——这种情况在我的身上就发生过。

15.可以帮助你提升面对不同场合演讲时的自信，例如，在电视节目、广播、面对面访谈、电话采访中（为报纸、杂志或是在线媒体）。

16.收到演讲的邀请无疑是件令人开心的事。

## 作家演讲的劣势

演讲是一种和写作不同的艺术。虽然都要使用到文字，但是，当书面文字变成口头语言表达出来的时候，情况就完全不同了。

口头上说出来的东西非常真实。如果你作为一个作家决定要去做一个演讲，或是在写作事业之外把它当成一个兼职，你也有可能遭遇劣势。但这些劣势并不是无法克服的，你应该要注意到这些，这样，一旦以下这些情况发生时，你就不至于措手不及：

1.第一个明显的区别是，写作的时候你可以反复地修改文字，不论你花几个小时写了一篇文章，还是你花几年的时间写了一本书，你都可以等到自己完全满意了再向公众发布。

2.演讲的时候切记要准确无误，这是因为你没有修改和更正的机会——除非你要把稿子背下来，然后去做演讲——这不是一种好的方式，因为你的演讲要尽量看起来新鲜、自然、有投入感。当然，除非你是一个很棒的演员，每次都可以把台词声情并茂地讲出来。

3.在公共演讲中，紧张的情绪会让你说出意想不到的内容。所以，你需要不断地练习、练习、再练习……直到你在听众面前觉得自在为止。只有这样，你才能对演讲的节奏有所掌控。

4.如果你是在某个项目之中的，可演讲是不能改期的，你要先将手中的项目放在一边。同时你还要考虑演讲地点远近的问题，如果演讲地点就在附近，那就是几个小时或是一天；如果远的话可能一个星期。就像我有一次去日本演讲，两天内做了6个不同地点的演讲，算上行程需要的时间，就是将近一个星期的时间。因为要算到达演讲地点的时间，倒时差的时间，再算上回来的时间。

5.听众会关注你的外表。如果你对此不满意，或是你长胖了或变瘦了，而你还在调整之中，那么，你就必须尽快令自己看起来赏心悦目。

6.如果你性格有点害羞或腼腆，那么，去做公共演讲是一个打碎这层"性格外壳"的好机会。

7.公共演讲能帮助你学会独立思考。但直到你学会为止，这都是一条非常险峻的学习之路。

8.对于你演讲的批评和评判，包括对演讲技巧的批评，都是现场的、即时的，反映在听众的脸上。它们不会像评论一样可以让你在私底下看。

9.因为每位听众都是不同的,你要为现场的听众量身定制演讲内容。这和写作不同,书可以给不同的读者看,但书的内容不会变化。

10.有时候,你在一个演讲中投入了很多时间和精力。可是,它却因为一些不可抗拒的原因被取消了。那你该怎么办,尤其是花了那么多力气还没有拿到酬劳?你本可以把这些时间花在书稿润饰上面,或是花在修改要交稿的文章上。

11.如果你病了,或是汽车坏了,不管怎样你都要赶到演讲现场,或是让其他人代替你演讲——因为一个、二十个、九百个或是几千人正坐在那里等你。

## 如何从作者转变成演讲者

你是如何成为一位作者的?你靠出版书来成为一位作者。同样,你是靠演讲成为一位演讲者的。

写作是一个独立的活动,而要成为一个公共演讲者,你起码需要一位听众。写作者需要写作——不停地写作——来提高他（或她）的写作水平；演讲也一样，你需要演讲——不停地演讲——在很多听众面前演讲，这样才能提高你的演讲技能。

为了提高自己的演讲技能，我读了不少演讲方面的书——这是另外一种可以提高你演讲水平的方法，而且每个人都能找到这方面的书去读。

其中有一些书是关于演讲方面的。其他的一些书则提供了那些伟大的、曾经改变过世界的演讲稿。

例如，在《改变世界的演讲》一书中，摘录了莫罕达斯·卡拉姆昌德·甘地在1916年2月4日于印度贝拿勒斯梵文大学的演讲，其中有一句是："印度没有奴隶。"

甘地对公众分享了他的信念——印度在经历了多年的英国殖民统治后，需要重新由印度人管理。

《历史上伟大的黑人领袖演讲》一书中摘录了1963年6月23日马丁·路德·金的演讲——《我有一个梦想》。那是马丁·路德·金在底特律的一次游行上做的演讲，这个演讲显示了重复句式的力量。

除了阅读前人伟大的演讲，另一种很好的方法是去参加会议。在那里，你能直接看到杰出的演讲者的演讲。

正是出于这样的考虑，我在1996年参加了全美演讲协会

(NSA)，一个于1973年成立的协会，而今已经发展成为一个拥有几千名职业演讲者的机构。协会有40多个分会。这个机构每年都会在7月份左右在美国的不同地方举行一个为期3天的年度会议。在这样的会议上你有机会听到顶级的演讲者做的主题演讲。我加入了NSA的一个本地分会，这样我就有机会参加他们的月度会议，并且可以免费听到顶级演讲者的演讲。

书后的资源部分里列出了很多演讲者协会，它们的总部遍布于全世界主要的城市里。这些演讲者协会可以给成员提供类似的机会。

还有一个国际性的组织鼓励刚开始演讲的人，并每周给他们创造做公众演讲的机会来磨炼自己的技能。这个机构叫——国际Toastermaster。这个国际组织在全美和其他国家都有分会。在印度新德里就有12个不同分会。它们每周都会提供演讲的机会给那些期望增进自己演讲技能的演讲者，你可以精进自己的演讲技能，还可以和与你一样有提升演讲技能期许的人结识交流。

在这样的协会里，你不但有机会在参加其年度会议时接触到那些伟大的演讲者，你还可以了解到各种各样的话题和演讲者可能会面临的问题。

除了参加这些协会以外，你还可以参加演讲者举办的公共活动。

## 做关于你的书的演讲VS准备一个基于主题的演讲

如果你是一本书的作者，你可能会被邀请去做一种或是两种类型的演讲。第一种是谈谈你的书。第二种是"主题性的"——基于书里的某一章或某些内容来谈谈你的看法。

这两种类型的演讲各有利弊。聚焦于你的书本身来做一个演讲的好处很明显——你已经做过这方面的研究，因此准备一个由此展开的演讲相对容易些，而且这样也可能会拉动书的销售。

对于非虚构类图书的作者，做一个概括主要内容的演讲的弊端是，你可能会有太多话要说，但这样听众会觉得没有必要再去买书来看了。

而对于一个主题性演讲，尽管它也和你书里的内容有关，但它会是一个你书中并没有完全涵盖的话题。因此，你需要额外地做一些研究，从而创造出一个新的演讲。

如果可能的话，找一个话题——那种你可以把演讲内容写出来，然后拿去发表的那种。选一个话题，你可以今后把这些内容加到书里面去，作为以后的更新版本，甚至可以作为一本新的书的内容。

如果你的演讲是主题性的，那么，你不必严格遵照书的内容去讲。如果你的书已经出版很久了，你又恰好在演讲当天早上的报纸上找到了这半书的销售数据，你当然可以把这个数据放到你演讲的开头中去——这是非常好的做法，因为这是新鲜的数据，而不是一两年前的。

如果条件允许的话，可以选你最感兴趣而且了解得最多的那个主题。如果你对这个话题讲得很好，那么，听众就会觉得你的这本书也一样棒。

不论你是谈书的整体概况还是只谈书中的一小部分，你可以把书中的一两句话甚至是一两个段落放到你的演讲里去——这完全可以作为演讲的内容。

这是一种非常巧妙的展示方式，给来听你讲座的人读你写的书！通过让听众听你读书中的内容的方式来鼓励大家去阅读你的书，这样做也会让你的这个演讲更加有意义。如果你是一位作家，同时也演讲，但却不是一个纯粹的演讲者。对于一位也做演讲的作家来说，能有什么方法比听你本人读你自己写的文字更好的呢？

但是，你选择要放入演讲中的那部内容，一定是经过你慎重选择的——选择的内容最好是能让人兴奋的那种。

## 对虚构类作者的一些特殊要求

大部分的非虚构类作品是话题性的，所以，你要做的是让听众对你的话题感兴趣，让他们对你在这个话题上的知识和洞见印象深刻，这样他们才会购买你的书。

但是，相反，对于出版虚构类作品的作者，他们的工作取决于作者的风格、人物、情节和小说、短故事或是童书的背景设置。

我做过的最有效率的演讲，或是我听过的最有效率的虚构类作者的演讲中，包括对小说写作渊源的讨论，以及小说作者鲜为人知的背景，而这些内容从作者的书面介绍里是无法得知的。

虚构类作品的作者可以选择将演讲的重点聚焦在已经出版过的书上，比如去读一段书中的内容，也可以花一些时间谈谈自己的写作历程和写作生涯。

如果你去参加国家书博会，通常是在五六月份，在纽约市举办。会有很多出版商、图书销售商、图书馆代表、作者，还有媒体去参加，你可以参加作者的早餐会或是午餐会，你会见到很多虚构和非虚构的作者，还有童书作者来做演讲。你能听到顶级的虚构书作者是如何克服困难把一本书最终呈现在读者面前。他们的目标，通常都是吸引读者来阅读他们的书。

还有一些地区性的书展，像新英格兰图书销售协会（NEBA）。这些通常在秋季举行，也有作者的活动环节，会给作者一个地方展示自己和自己的作品，也有机会去听和观察其他的虚构作品作者的演讲。

在纽约市有一个虚构类作品中心——就在市中心靠近麦迪逊大街的地方，这儿通常会有免费的或是价位合理的互动活动。在那里，一些知名的虚构类作品作者，如乔伊斯·卡罗·欧苔丝，就曾经做过关于其作品的演讲。

那是一个相当好的机会，你可以体验知名作家是如何在公众面前为一本或是数本作品做演讲的。

在你参加的任何一个公共演讲活动的最后，问自己一个问题："我想买这位作者的书吗？"当然，如果你只想获得一个在潜在的读者或粉丝面前演讲的机会，你并不在意他们到底有没有被你鼓舞起想要购书的欲望，那你的目标就是不同的。

对于一位小说家或是童书作者来说，可能他（或她）更关注的是扩大知名度，以及从与外界隔绝的电脑后面走出来。在这种情况下，你的演讲有没有鼓舞起听众购书的欲望，对你而言可能就没那么重要了。

## 书店、图书馆或是其他作者组织的活动

因为每天都有很多这样的活动，所以，一位听众很难保证有那么多的时间和精力放在这类演讲上。

### 让人们来参加你的活动的小贴士

书籍营销方面都是围绕一个主题在谈："如何让人们来参加书店活动或是图书馆活动？"这是一个非常重要和关键的话题，在本书中，我会给你提一些建议：

· 用你的社交媒体平台来展示和宣布即将进行的活动，包括在Twitter、LinkedIn、Facebook或是其他特定的网站上。

· 找到当地的市场组织者，他们可能会有你可以发送营销资料的邮箱地址。

· 问一下书店或是图书馆，他们是否有即将举办的活动的广播、纸质或是在线媒体列表。

· 找出本地区或是全国性的纸质报纸以及在线报纸，寻找负责在上面发布活动日程的编辑的邮箱地址，这样你就可以在上面公布即将举行的活动。大部分负

责这些活动日程的部门都要求至少提前两周通知，所以，你在准备公关活动的时候要注意这一点。

·如果你有自己的网站的话，把即将举行的活动信息放在上面。

·雇用一个自由职业发布者帮助你来发布这些活动信息。

·如果你的话题和某些学生相关，找到当地的学校或相关部门，请他们通知这些学生来参加你的活动。

·和其他作者组队，这样在做活动的时候可以用各自的平台吸引更多参加者。

## 做一位令人印象深刻的演讲者

不论你的活动上有5位还是50位以上的作者现身，他（或她）既然花了时间到你的活动上来，你都要让他们感到满意。

不论他们是免费参加还是付费参加，也不论你在活动中卖出了1本书还是200本书，你都要让这间屋子里的参加者感觉到——来参加你的活动是值得的。

我之前提到过，如果你明确表示要做一个简短的演讲，然后才是签名售书，那么，你的活动可能会有更多的参加者。

如果参加者认为这只是一个签名售书活动的话，那么，很可能就只有原本就计划买书的人才会来参加（如果你已经是一位家喻户晓的作者了，当然是可以这么做的。但如果你还处在建立人气的阶段，你需要给参加者额外的动力才行）。

虚构类作品的作者会被期待读一下他们已出版的作品，那显然是没有问题的。你还可以再增加一个讨论环节，说说书的写作过程或是一些和书相关的有趣信息。

非虚构类作品的作者除了要读一下书的内容以及签名售书以外，还需要准备一个10~15分钟的有关本书的演讲。

不论听众是否买你的书，如果你准备用书签、印有你名字的钢笔或是圆珠笔作为礼品，还是会受到听众欢迎的。

准备一些你出版的书的完整内容的印刷材料，分发给参加者。一份印刷材料，如果有值得看的内容在上面，它更可能会被保存下来而不是被扔掉，同时这也有可能会帮助提醒阅读者看完之后再去买书来看。

第十二章

# 面对媒体采访你该如何表达

当你接受平面媒体（杂志或报纸）、播报类媒体（电视或有线电台）或是在线媒体（博客、在线刊物）采访的时候，从本书中学到的一些原则都是可以应用的。

就像你要熟悉你要讲的话题一样，在这类采访中，你的内容也要有趣，你事先也要有所准备。但可能会同做演讲不大一样，因为你做电视采访的时间不会那么长，可能也就5分钟左右。

如果你被一位记者采访了45分钟至1小时或更长时间的话，你要记住——这是一个采访，而不是一个会话。

就像公共演讲一样，对于媒体采访，如果你处理得当的话，无疑会增加你的声誉，还会把你或你的工作坊的品牌传播出去——而且这还是免费的。

## 在电视上应该如何表现

上电视这件事对大部分人来说都很陌生。如果你被一个当地的或是全国性的节目采访，以下信息可能会对你有帮助。

### 要对你要讲的主题非常熟悉

这条建议看上去显而易见，但是，你要记住，要想在媒体上露面，通常都是一篇文章或是一本书出版的数月甚至是数年以后了。

你需要重新阅读你的笔记，读你发表的作品，还有近期就同样的话题在其他场合发表的内容。你要对这个话题熟悉到不需要笔记或者卡片的提示就能脱口而出。

记清书中的统计数据，幽默的或是有关的趣闻轶事或是引言。用确切的引用内容来支持你的主要观点。因为你需要在镜头面前出现，所以（如果不是实在无法做到）说的时候去参考小的数据卡或是小纸片都是相当不明智的。

一般来说，在电视节目里面，你的采访可能会被分配到2~10分钟的时间——具体取决于节目的形式和类型。

节目的形式可能会有所变化。例如，你可能会是几位嘉宾中的一位。典型的采访一般都会被压缩在7~10分钟之内。因此，你必须保证对自己的回答有充足的信心。

## 准备样本问题或是推荐问题的列表

这条这么棒的建议，是非虚构类畅销书作者约瑟夫·古尔登（《超级律师》）给我提供的。

在有些情况下，提供这样的问题列表会被视为是一种冒犯，但是，采访者通常会问你希望被问到哪些问题——可能是因为出于对作者的观点的尊重，也可能是因为采访人的忙碌的日程安排使得他（或她）没有时间来阅读你的材料。

不论原因是什么，能准备一个很好的样本问题列表或问题列表，对你而言是非常理想的。把这个列表复印一份，随身带着，万一你需要就可以用上了。（不过，如果你的准备只局限于这些问题的话，那可就错了。万一节目的主持人问了一个你列表以外的问题，你就会被吓住。你要能够回答任何问题、每一个问题，并让大家觉得你的回答很有用，你的知识非常渊博……）

有一些节目制作人也会给你分享他（或她）要求主持人问的问题列表。

再提醒你一下，这个列表也只是一个建议。有些主持人会完全按照这些问题来问。而有些会完全无视列表，问你不同的问题。你需要准备主持人可能会问到的任何问题——不论是在你的问题列表上的，或是制片人的问题列表上的，还是对你来说完全是新的问题。

## 留出采访练习的时间

对于很多作家来说，采访前的初始谈话通常是在与你预约节目之前通过电话与你交谈进行的。这可能会是一个明确的测试，来决定你将来在电视上的露面是否能通过。

如果你在电话里讲的话非常冗杂，这很可能会导致你与这个机会擦肩而过。

留出用于练习采访的时间，确保你能在实际采访的时候做到最好。如果你有这方面的预算，可以雇用一个专业的媒体培训师，让培训师来教导你各种注意事项，包括你要说的内容和说的方式。

请这位媒体培训师录下你的模拟采访内容，然后回放录像，讨论哪些地方起了作用，哪些地方没有起到作用，以及你应该如何改进，包括你的着装、化妆、发型、面部表情和你说的内容等。

如果你没有请一位专业媒体培训师的预算，也可以请你的家人或朋友配合你模拟采访。你可以用摄像机录下这个过程，看回放的时候能得到很多反馈。只是听一下也会是一种学习经验，因为除了诗人和那些经常做演讲的人以外，作者很少能有事先安排好的公共交流机会的经验。你甚至还可以在练习的时候请一些听众来，这样你在真正采访的时候会习惯被听众注视着说话。

你也可以把你的问题列表交给你的朋友或是亲戚，让他们来提问。然后，你像在节目中一样回答问题。

对你的回答进行计时，看一下你的回答用时。多试几遍，然后请采访者即兴提问，再由你来回答。经过多次练习之后，当你再去接受采访的时候就会做到心中有数。

除非你是那些少有的天生就能在摄像机面前收放自如的人，一般人在第一次面对采访的时候都会产生迷失感。

在练习的时候，可以请听众对你的回答以及你的仪态做点评：

· 你看起来放松吗？

· 有没有一些身体上的姿态（特别是面部表情）让人看起来不舒服？

· 你的声音清楚吗？

· 听众会觉得你讲的内容新鲜有趣、令人印象深刻或独特吗？

## 选择有吸引力的并且舒服的衣服

大部分节目主持人都会建议你不要穿白色或格子花纹的衣服，但这最终还得由你自己决定。（如果你变胖了或是瘦了，现在衣橱里没有适合你的衣服，那就出去买些新的，即便你准备把最近长胖的20磅减掉。）

你可以选择一些以前穿过的并且获得过很多赞赏的衣服。

如果要穿深色的套装，你可以用一些饰品来装饰它。比如，女士可以用围巾，男士则可以用亮色领带。

尽量避免在登台的前一晚才去买衣服。但是，有时候你可能会不可避免地要这样做。

不论你的全套衣服是新的还是旧的，你都要选择适合这个节目时间和类型的衣服。记住，很多节目都是事先录制的，所以你很可能会是在中午的时候去录一个深夜时分播出的节目。

如果有人告诉你不要担心腰部以下的穿着，因为摄像机只拍你的脸。那你也要记住，很多节目都会要求摄像师在最后的时候拉一个长镜头。

而且，就算没有人能看到你的下半身，你的形象也会影响到你在采访中的表现。所以，我建议你以自己喜好的方式来选择服装——你对自己的外表越自信越好。

## 不论何时，你都要先熟悉这档电视节目

美国的每一个人，甚至是世界上其他地方的人现在都能看到《今日秀》《早安，美国》或是《CBS今晨》节目，还能看到其他的有线和网络节目。

如果是一个当地的节目，或者是另一个城市或国家的节目，对你来说，要熟悉这个你即将被采访的节目就比较困难了。如果有你认识的亲友恰好居住在那里，你可以请他（或她）为你录下这个节目，然后邮寄给你，这样你就可以事先观看一下。如果你有一位图书宣传人员为你服务，你可以请他（或她）来为你做这些事情，因为这是他或她服务内容的一部分。（大部分的图书宣传人员和其他城市的图书宣传人员都有交往。）他们甚至可能认识这个节目的摄影棚里的人，可以给你寄一份节目的样本。

对一个很少看电视节目或是电视访谈的作家来说，对于访谈节目是如何展开的有一定的了解，是非常重要的。这包括：提问题的节奏和回答的节奏，有效果的仪态和让人讨厌甚至起反作用的仪态……

如果你无法事先观看要采访你的这个节目，你起码要看一下典型的作家访谈节目。

## 始终和现场的节目制片人保持紧密沟通

你要在采访前和这个电视节目的制片人保持紧密沟通——不论是用邮件还是电话——即使这个采访是在一两周之后的。

确保制片人或客户方有你的家庭电话、办公室电话、手机号码以及你的邮件地址。如果你在采访前要去其他地方，不论去多长时间，你都要确保制片人可以联系上你。

制片人最大的恐惧就是联系不上采访对象，所以，在上台录节目之前，要确保你能随时被联系上，否则你会带给制片人极大的恐惧。

如果你在采访前要到其他地方旅行，请在录制那天的前一天回来。（有些节目会要求你在前一天回来，哪怕你是在下午录节目，你早上飞回来了。这样就可以减少因为机场航班延误或是一些临时原因导致的无法出现带给节目制片人的恐惧。）

## 找一位专家给你化妆

有一些节目——通常是网络节目或是有线节目，节目组会提供专业化妆师为他们的嘉宾服务。

但是，对很多本地节目而言，由于预算比较少，你就要自己负责化妆事宜了。因此，你需要施一层淡色粉底以避免阴影——但别去模仿模特和电影明星。

女士们要避免使用颜色刺眼的眼影或是过长的假睫毛，因为这些都会产生阴影。淡淡的腮红是很理想的，腮红太多的话在摄像机下会显得更红。如果你是自己化妆的话，我建议你把妆化得淡一些。

当然，你也可以雇一位化妆师，好让自己看起来更专业一些。这种花费大约在50~250美元之间，具体价格取决于你雇用的化妆师的资质和经验。

### 按照要求准点到达电视节目的地点

制片人可能会建议你在某个特定的时间到达某个地方，这个时间可能会比你在节目中出现的时间要早20分钟至1小时左右。

尽管你不想迟到，但你也不能太早到达。制片人在节目开始录制和现场直播开始前是非常忙碌的——他们有许多事情要去做。如果你太早到达，可能也没人有时间来招呼你或是带你去演员休息室——你的过早出现是不受欢迎的。

如果你比预定好的时间提前5~10分钟到达的话，是比较合适的。但是，如果你是从很远的地方赶过去，在这之前很难判断到达摄影棚到底要多少时间的话，如果早到了15分钟，不妨就在附近找个咖啡厅坐下来等一下好了——等差不多到了对方要求的时间再过去。

如果你很紧张，找到一种方式来缓解它。

凯瑟琳·克罗斯比在旧金山的 KPIX 电视台主持一个晨间节目。她在上晨间节目之前会花几分钟做会儿体操来让自己舒展和放松下来。有些人发现控制呼吸能缓解紧张；还有些人会对着镜子说话或是在现场跑步。具体的方式不重要，重要的是结果，能让身体在对着电视机镜头的时候更加自在和舒服。关键还要减少膝盖的摇晃和眉毛的抽搐，因为你的这些动作在摄像机下都会被放大！

## 采访之中

前面所说的原则，都是在节目正式开始前的准备。那些步骤都是用来避免真正上台时可能发生的意外或灾难的。

现在，让我们假设你已经坐在某晨间节目的直播间了，那么，有没有关于采访本身的技术性建议呢？

### 忽略摄像机和监控器

对于采访新手来说最容易犯的错误是，会不自觉地盯着闪闪发光的、无数的聂像机或是被放置在摄像头下面的，看上去好像无害的监控器。但是你盯着它们样子会在监控器里反映出来。不幸的是，如果你一直盯着监控器，就会忽略了主持人，听众会感觉到他们看的不是一场轻松的对话。你看上去很紧张，不舒服，好像受到威胁的感觉。所以，你需要看着你的采访者，忽略那些机器和设备。摄像师是收了钱来负责在摄影棚里跑来跑去把你展现给观众的，所以你要相信他们，你一定可以被观众看到听到的。

## 回答问题要简短、清楚而且有趣

记住，这是一个电视采访或是有线采访，不是在你的家里和一位老友叙谈。你的回答要简短、干脆，还要考虑音节问题。你必须简洁地表达你要分享的信息或是趣闻轶事。

电视和有线节目都是快节奏的媒体。对一位刚接受采访的人来说，听到有人说"你的回答太长了"，无疑是最糟糕的。

如果是录制的节目，技术人员还可以通过剪辑来缩短你的采访。但如果是现场直播的采访，那就无能为力了，而且你再也不会再接到他们的邀请了。因为过长的回答可能造成的更加糟糕的后果是：无聊。

如果你的回答很有趣，大家可能会原谅你那过长的回答。但是，如果你的回答很无聊，那绝不会被原谅。所以，在采访中必须用到你最好的信息和资料。

（提示：千万不要在演员休息室里与人聊天的时候说出你的想法或信息。把你的好东西留到正式采访中。也不要在演员休息室里或是在去摄影棚采访的路上对其他人说出你最好的想法和趣闻轶事，那相当于在采访的时候再说一次。观众没有听过，对他们而言还是新鲜的。）

### 聚焦在你和主持人以及听众的连接上

如果你聚焦在自身的信息上，又或者聚焦在你和主持人以及观众的连接上，而不是聚焦在卖书上，这样做的话你更加有可能把书卖出去。类似"在我的书里……"或者"我的书……"会引起采访者的反感的。用一种能激励观众想要购买和阅读你的书的方式来传达信息绝对是一种艺术。这可以是你分享书中的一个例子，他们很感兴趣，想要知道更多，或是主持人表达了他对你的书的兴奋。例如，主持人可能会对你说："我读了你的书，很棒，顺便问一下，在你的书中你提到……"

把采访看成是一个求职面试。如果面试进行顺利，你将会得到这个工作。

考虑自己能够带给采访者和观众什么样的东西，然后他们才可能会产生购买你的书的欲望来获得更多的信息。

如果你被问到一个很恼火的问题，有礼貌地回答，而且你还要有适当的幽默。

我妹妹艾琳，在沟通技巧的领域里学习、教书30年了，她在早年教了我一句古老的谚语，要我在采访的时候牢记于心。"你要对你的回答负责，而不是要对问题负责。"意思是说你要有办法应对由这个话题引出的问题，不论是挑衅的还是恼人的。但在特殊的情况下要做到有策略，否则你的渊博知识就无法表现出来，你也无法满足大家对你是一位专家的期待。（在专业的媒体培训中，你会学到如何使用"桥梁"的概念，当你在应对偏离话题的问题时，你要能用桥梁把它连接回你想要分享的想法和信息上来。）

在华盛顿的一个本地节目里，内尔·所罗门博士带着他最近出版的一本有关控制体重的书做了一期节目。节目主持人开场的时候提了一个完全无关的问题，问博士为什么某种包装会对孩子有害。我太佩服所罗门博士了，他很镇定、很清楚地回答了主持人的问题，然后主持人很快就将话题引回到了减重和节食的问题上来。因为所罗门博士没有被一个偏离话题的问题弄得紧张不安，他赢得了听众的尊重和采访者的欣赏，他也没有火冒三丈或是没有方向。对所有要上采访节目的人来说，灵活是第一要素。否则，你就会看上去像是被强迫的、被训练的或是失控的。

一些作者每说几句话就会提到他们出版的书籍，或是书的题目。其实这样做不但无法激励起观众的阅读欲望，反倒会激起观众的反感。之前提到过，如果你很有趣，听众会想来买你的书。通过重复书名或是一直用书里的材料来展示，这样是无法达到让观众购买你的书的目的。如果你的评论和想法是偏激的，会对你的讨论产生严重的后遗症。

当然你可以与采访者现场辩论。这相比做一个顺从的嘉宾，对主持人说的什么都表示同意的那种更好一些。不要错误地认为不同意就表示不礼貌。有力量的冲突和情绪化的生气与不得体和令人大怒的问题是不同的。让主持人参与到一个生动的但是可控的讨论中来，而不是攻击主持人或是发脾气。

### 时间马上要到了……

当你被告知时间马上要到了，你要很快结束你的话（即使你只说了一半）。如果当时你没有说话，最好不要说："最后一句。"

一些作者对电视节目的时效性不是很熟悉，不能接受类似"马上结束"这样的提示语，因为他们还有话要说——这会带来灾难性的后果。我记得一位作家在《今日秀》中和主持人芭芭拉·华尔特争论时的震撼场景。当主持人告诉他很遗憾讨论要结束了。"但是我还没有说完"。我就听到一个声音还在回响，可是广告马上就开始了。

当时间不够的时候，与其慌乱、迷惑，不如坐在椅子上礼貌微笑，直到接到指令后拿下你的麦克风。

通常来说，在插播广告之前会有几秒钟的时间——摄像机会收回镜头，然后拍摄整个背景。对此，你最好心中有数。

### 在节目最后的反馈和讨论

如果客户允许你留出几分钟的时间分析刚才的表现，那么制片人和采访者通常对你来说是非常有帮助的。如果你只是简单地问制片人及邀请你采访的客户一些例如"你觉得这个采访怎么样？"的问题，那么你就要准备好听到一些批评，还可能会有一些有用得着的反馈和表扬。如果你得到了一些有用的建议，例如"你在开头好像有点僵硬，但是在采访的过程中放松了下来"或是"你的回答太长了"你要感谢做出这样评论和反馈的人，并且让对方知道你会把这样建议牢记并运用到下次的采访中去。

当然如果你的采访是和其他几位嘉宾一起进行的，那你可能要在一间特别的屋子里耐心等一会儿，等到采访全部结束后才能开始讨论。但是这样的等待时间是值得的。因为你会得到如何改进你的电视仪态的建议，如果有更多的时间，你也可以深入探讨其中一点。这会表现出你对这个节目以及节目背后的人们的兴趣，这种信息交换对任何人来说都是有益的。但是如果你在这个节目之后，还有另外一个节目要赴的话，那么，这样的等待时间就显得很奢侈了，但是起码我们可以花上10分钟的时间，来让自己在上了电视节目之后变得更聪明。

不过如果你出了采访现场，就不要再积极追问反馈了。但是你可以在之后发邮件或是打电话过去问问是否有任何对你可能有用的反馈或者是评价，不管是积极的评价还是有建设性的批评意见。

这些是作为一个有信心的和理想的嘉宾所必须要做到的。因为每个你做过的电视采访都会帮助你提高接受电视采访的技能和仪态。如果经常在电视节目上露面，那么在一个节目中犯过的错误就不能再带到另外一个节目里去了。

从你的错误中学习，每次露面的时候都要有一种新鲜和积极的姿态。像安东尼·霍普金说的那样，"你要让观众感觉你好像从来没有说过这些台词一样，就好像是第一次说的一样，他们也是第一次听到你的回答"。避免让人听起来像是排练过的、背下来的或是事先计划好的。毕竟，作者还是比一个演员要幸运得很多，你可以不停地修改文章的内容，因为问题会变化，你的答案也会相应地变化。如果你的心里想着你之前也去过那里，这很可能会导致采访异常乏味，甚至可能会发生那种用同样的答案去应对不同问题的尴尬事情。

试着花一点时间来写一封感谢信或是邮件给制片人、你的客户以及主持人。这会提升你在他们心中的印象，也会让对方感觉到你是尊重他们的，也会让他们有一种他们的努力付出得到了感谢的感觉。

对如何在电视或有线节目上表现的所有的具体建议，我能总结出来的最好的一条建议就是："享受你自己！"如果你做到了，观众就会分享到你的体验，他们也更想要知道关于你的更多的想法。一些观众可能会马上打开手机预定你的书，或是奔到本地的书店里。即使他们没有马上去，他们明天也会去买你的书，你，你的名字，你的形象，可能还有你的书的名字，更重要的是，你说的以及你的观点，这些都会是他们印象中的一部分。

第十三章

# 总　结

关于如何创作和发表一个伟大的演讲，我独创了"DYNAMIC"
方法：

- D＝你演讲的目标。

- Y＝听众与你信息之间的连接。你是书，是戏剧，
是电影，是电视节目；你是他们获得知识的方式：信
息、鼓舞人心、兴趣……这些都会把他们吸引过去。

- N＝永远不要乏味。

- A＝用充分的准备来减轻你的恐惧。

- M＝在练习中掌握你的演讲。

- I＝鼓舞、激励、教育、娱乐或是说服你的听众。

- C＝为你的听众考虑，你说的内容是新鲜的，而
且也是他们想要听到的。

不论你是要去做一个3小时的工作坊、5分钟的致辞、1小时的主题演讲，还是45分钟的分会演讲，你都处在一个令人羡慕的位置上——因为你会影响其他人的思维方式，扩充他们的所知，决定他们笑还是不笑，影响他们如何看待一个地方、一个主题，甚至是一个人。

作为一名演讲者，是一种特权，也是一种荣耀，但不应该是恐惧或贬低。

是的，它可能会带给你压力，因为即使你的概念和用词都很对，但你的听众一直都在变化，对前一位听众奏效的东西可能对下一位听众不一定奏效。

你会发现演讲者的角色令人讨厌而且让人畏惧。或者你也会发现演讲者的角色是令人兴奋并且充满挑战的。当你学会以更加自信和成功的方式去对一屋子的听众演讲或是对一位听众演讲，你会对演讲者这样的角色感到更加舒服。

我希望，这本书能帮助你了解到这种我们称之为"公共演讲的体验"的神秘和奥妙之处。如果你能把演讲做好，它会在你职业生涯和个人生活的方方面面帮助到你。

如果你能把演讲做得很出色，那么，你的未来将不可限量。

这里有成为一名有效率的演讲者的20条小贴士。有一些在前面已经讲过了，还有一些是新的。

重复不是问题，任何在这里被再次提到的小贴士，都是我认为值得重申的。

而且，你也从这本书中了解到——在一场演讲中完全可以使用重复这种方法——如果用得很有技巧，又有目的指向，这会是一种非常有效率的演讲工具。

在写作中也是如此。

## 成为一名有效率的演讲者的20条小贴士

这里有一些关于公共演讲的很有帮助的小贴士：

1. 对每一场演讲都要做必要的背景研究，确保对你要讲的话题了如指掌。

2. 把演讲的内容写出来，这可以确保你在演讲中用到每一个预先设计好的话题点。

3. 用书面的形式来做要点卡，可以用 PowerPoint 或是笔记的方式。

4. 练习演讲，并且计时。

5. 在工作坊或是研讨会设置中，要有开头的破冰环节，还要留出时间与听众互动。互动可以是角色扮演，也可以是把全部听众分成几个小组，并由每个小组选出一名代表来为大家陈述小组观点。还要有5分钟左右的问答时间和总结时间。

6. 演讲结束后，分发评估试卷，并在听众填写完后收集上来。

7. 可以使用小册子等宣传材料，如果有可能的话，对完成并交回评估问卷的人给予一些赠品作为奖励。

8. 不论你演讲后得到的费用是几千美元、几百美元还是免费演讲，在准备这个活动的时候，都要投入相同的努力。

9. 如果演讲的过程中有听众中途离场，不要介意。他（或她）可能只是有事要去赶飞机（或者火车）。不要为这种情况而烦恼，也要避免因此而抱怨或攻击听众。因为这样会使得全部听众都站到那位被你指责的听众一方，对你群起而攻之。

10. 上一些相关的课程。这会帮助你在听众面前放松下来，并感到更舒服。

11.如果经过练习和准备之后，你发现自己不再像当初那般享受演讲的过程，那你可以重新评估一下——这些对你来说是否是除了写作以外正确的活动？记住畅销书的超级合著明星杰克·堪菲德和马克·维克多·汉森在两人合著《心灵鸡汤》系列丛书之前都是演讲者。你需要考虑清楚到底哪种职业对你才是最好的？

12.不是所有的演讲都是一样的。对于一场45分钟的主题演讲的需求和预期，和一场1个小时的工作坊或3个小时的研讨会都是不一样的。你可以尝试不同的演讲类型，看看其中是否有你最喜欢的那种类型。

13.记住，一边演讲一边写作是困难的。在演讲前和演讲后必须预估好时间，让自己可以静下心来写作。

14.尊重和去认识那些请你做演讲的人以及你的听众，但要注意，在演讲活动前也不要友好得过分了。你是演讲者，是要让他们仰视和尊敬的——在一定的限度内，应该让他们能够联系到你，但又不能降低你的声誉和权威。

15.要让人感觉到你的演讲听起来是讨人喜欢的——你喜欢你的听众，而且你也享受演讲的过程。即使你真的很紧张，或是很害怕，也要避免让这些情绪流露出来。

16.提早一些到达现场，并测试音响设备。

17.如果需要坐飞机进行演讲，应尽量让自己提前一天到达目的地，以免机场方面的意外延误或是航班被取消。

18.如果可以，不要把演讲的准备工作放在最后一刻才去做，万一届时有事情发生，你就无法应对了。最糟糕的情况就是——抱着应付的态度对待演讲。这样的话，你的听众会很失望，演讲也会很快结束。

19.对演讲尽力而为。

20.很多人在演讲前都会感到肾上腺素迸发。你会感到很害怕，这种感觉甚至可能把你吓倒。但是，你也可以想一下，为什么不把这种肾上腺素利用起来，让它激励你在演讲的时候保持激情昂扬呢？

## 最后……

在选择演讲者的时候，越来越多的演讲者被要求寄一份推广性的CD或是在线视频，即你在现实中面对听众演讲时的表现，而不是只对着摄像机录下一段内容——他们在评估你的演讲技能外，也会对听众的反应做一番评估。不过你要记住，如果你没有事先在演讲活动前安排录音录像的话，当他们提出要你的现场演讲录像的时候，你就会很为难了。

你还记得第一章的最后，我请你为自己录制一段演讲视频吗？现在，我还要请你花一些时间再做一次这个练习。

准备一段5~7分钟左右的演讲。在演讲中，可以配合使用视觉材料或是你可能要用的道具。你可以自己把摄像机设置好来录像，或是请你的朋友或同事来帮你。你可以使用与之前相同的话题，也可以换其他的话题来演讲。

第二段视频录好了以后，回看一下——再看一下之前的第一段视频。比较下这两段视频，你有没有觉得演讲风格发生了变化？你会如何处理这个变化？

记得经常在你演讲的时候录像，并且回顾这些录像内容，你可以自己回顾，也可以和其他演讲者一起回顾。如果给自己的演讲录像太困难的话，那就给自己的演讲录音。这样的话，你看不到自己演讲的视觉内容，起码你能听到你演讲的内容。你可以了解到你演讲中的一些问题，比如：

· 你花了多长时间才谈到演讲的核心内容？

· 你的能量级别听上去如何？

· 你的声音有多响亮？你说话清晰吗？

作为一名公共演讲者，这意味着你要对自己说的内容负责。你要对自己传递出去的内容负责；你甚至还要对你演讲中要用到的视频和音频材料负责，还要为你在演讲前、演讲中和演讲后分发的书面材料负责；你还要对在自己的网站上发布的内容负责。

我祝愿你在演讲之路上能更加有效率。我期待听到你胜利的消息。（如果你所有的演讲都进展得很顺利，那太棒了！）

感谢你阅读本书，并和我一起分享我的经验和想法、我在公共演讲方面做的研究以及我从演讲生涯中学到的经验。

直到现在，我都还能记得自己第一次演讲时的情景——当我能够掌握它们的时候，听众和我产生了连接——他们听懂了我要说的那些点——那是一种多么美妙的感觉啊！

　　我正努力使这种感觉在每场演讲中都发生。我希望你和你的听众之间也能产生这种连接。在理解了伟大演讲背后的奥秘后，你也可以把这些奥秘运用到自己的演讲活动中去。

　　继续演讲吧！

# 词汇表

## 代理人

受演讲者的委任要为演讲者寻找演讲机会，并且就演讲的细节安排与对方谈判。代理人通常依附于演讲机构。他们收取约25%左右的佣金。一般来说，刚开始做演讲的人是很难找到代理人愿意做代理的。代理人分独家代理和非独家代理。独家代理意味着他们是某位演讲者的唯一代理方，非独家代理意味着这位演讲者由多个代理人或是演讲机构代理演讲事务。

## 现场销售

当演讲者有一样或是多样产品要在演讲前或是演讲活动结束后销售。产品范围可以是一本书、练习本、CD或是印刷物品。

## 个人简历

演讲者个人简介的缩写。是打算放到节目中去的关于演讲者的情况，也可能是会议策划者或是其他人在介绍演讲者的时候要突出的那些演讲者的背景和荣誉证明。

## 预定

为一个演讲活动预留特定的日期和时间段。

## 演出契约

一个具体的演讲活动确定下来的日期。

## 分会

通常一个有很多人参加的会议会把全部的参加者分成20~100人左右的更小的团体，这样可以在同一时间安排不同主题的演讲内容或工作坊。

## 小册子

可以作为一个即将举办的工作坊宣传时用的三折页，里面会有演讲者的演讲主题以及他或她的荣誉证明。

## 退票费

如果活动取消要收取的费用。该费用多少主要基于取消的决定是在活动开始前的多少天。退票费也可以指公共研讨会的注册费的比例。这是活动一旦取消，视取消时间距离活动开始的时间的长短，要赔偿给参加者的费用。退票费的政策和日期以及提前的天数应当在你签订合同的时候或者是你接受活动参加者付款的时候就要明确。

## 并行会议

参看分会。

## CSP

职业演讲资格。由全美演讲协会颁发给它的会员以及达到成
为与会员同等水平的演讲者。

## CV

包含详细信息的简历。通常用于介绍一位教授的学术方向。

## 评估

在演讲结束以后被要求对演讲者的演讲所做的回顾评价，填
写好并且在活动结束前交上去。或是按照要求随后以电子邮件或
是传真的形式回复。

## 服务者

一位被事先培训好来服务会议全程的人员。服务者会通过提
问以防问答时间被垄断，并且确保会议策划者或组织者希望谈到

的主题和关键的问题都能在会议中涵盖到。

## 传单

描述性的宣传用的单页，上面有即将开始的活动、产品的简介或是个人的基本信息。

## 总额

演讲活动收入的总额，这是在任何费用以及演讲机构抵扣佣金之前的那部分数额。

## 分发物

教育性的表格，作为演讲的补充，有1~20页，甚至更多。分发物通常是在演讲的最后发放的，但有些演讲者倾向于在演讲的开头就分发，让参加者在演讲过程中参考使用。

### 诘问者

对演讲者喝倒彩或是大叫的人。

### 保留

在转化成真正的定下来之前的一个尝试性的保留。参见保留
日期费。

### 保留日期费

职业演讲者或是演讲机构通常要收取50%的费用作为保留日
期费用，该费用不退。这笔费用也可以视为是演讲活动的保证。
即使协会或公司决定取消该次活动，演讲者或演讲机构还是可以
留住这笔费用的。

### 谢礼

一笔不是按照演讲者的职业演讲价格支付的费用，它只是一

笔象征性的费用。这是一个通常和学术相关的用词。当一位演讲者被邀请在慈善会议或慈善活动上做演讲，或是如果公司不允许接受这种谢礼，那么这份谢礼会被谢绝或是以演讲者的名义捐赠给某个慈善组织。

## 国际演讲者

一位不光在本国演讲，还会去其他国家演讲的人。

## 介绍

在演讲者开始演讲前，通常会和大家分享关于演讲者获得的一些荣誉的简短介绍。介绍也可能在活动或会议的进程中出现。

## 主题演讲

通常由一个人做的20~60分钟长度的演讲（典型的主题演讲一般是45分钟）。

## 主题演讲者

一位做主题演讲的演讲者。

## 讲台

一件物品，演讲者演讲的时候会站在它的后面，面对听众。讲台通常会放置在舞台上，这样一来，演讲者的位置就被升高了，有更多的听众能够更加容易看到演讲者。讲台上可能会放置话筒，但有些演讲者比较倾向于使用可以随身携带的麦克风或是可以别在衣服领子上的小话筒。

## MC

晚宴或会议的主持人。负责让活动进行下去以及介绍各位演讲者的人。

## 会议策划人

把会议制作出来的人。策划人会挑选演讲者以及处理和会议相关的各种细节，包括挑选会议举办的宾馆、地点、会议上的食物，以及吸引听众前来的营销推广活动。

如果是公司内部的活动，还要保证公司目标都能达成。根据会议规模的以及公司的预算情况，或是公共研讨会，可能会有多个会议策划人。

## 讨论的主持人

推动讨论活动进行下去的人，这个人会请各位小组成员来分享经验，还会请小组成员来回答抛出的问题。

## 激励性的演讲者

一位专门激励听众的职业演讲者。激励性的演讲者对那些高度依赖销售员和销售行为才能取得成功的行业是特别需要的，例如房地产、汽车，甚至出版业，其他容易产生职业倦怠的服务型行业对激励性的演讲者也有需求，例如社会工作者、教师、顾问，甚至是学生。

## MPI

会议策划人国际组织。会议策划者和会议产业的服务提供者的一个国际性的协会。组织成立于1972年，在超过80个国家里有71个俱乐部或是分会，成员数量超过21000名。

## NSA

全美演讲协会。这是一个演讲者的协会，成立于1971年。现在全美国有39个分会，会员数量超过3000人。它也是全球演讲者联盟的一个分部。

## 组织者

把一个会议组织起来的人。也可以认为是会议策划者。

## 小组成员

在一个小组里的人。

## 平台/讲台

这个词有多重含义。现今有一种含义是"平台",对于书的作者或是演讲者来说,意味着有多少人注意到了这个人?他们的SOI(影响半径)有多大?

## 幻灯片

微软公司出品的一种软件,可以帮助演讲者将内容在演讲的时候在屋子前面的屏幕上放映出来,这样整个屋子里的观众都可以看到记录在幻灯片里面的笔记、视频或是照片。如果演讲者是在一个多于30人的房间里演讲,这种环境中,坐在最后的观众是看不清楚演讲者手里的视觉材料或是使用的活动挂图的,这时候幻灯片就会很好用。但是如果器材出了故障,而你又完全是依赖幻灯片来演讲的,那么这些突发事件以及问题你都要提前考虑到。

## PR

公共关系。

## 产品

和演讲者相关的除了演讲内容以外的东西，例如书、CD，或是他（或她）创作的印刷品，用来巩固他（或她）传递的信息或是在大家心中的人物角色。

## 职业演讲者

一位靠演讲来赚取费用的人，被大家认为是演讲的老手。

## 公共关系

创造一种对一个人、一种产品或是一个公司的公共认知。

## 公共研讨会

一个工作坊或是研讨会。时长不同，从一个小时到一天，甚至还有几天的。这种活动通常不是由一个协会或是公司内部举办的。大部分的公共研讨会本质上都是教育性质的，会有一位或是多位专家来给参加者分享信息。

## Q&A

问和答，演讲最后一段时间的内容安排，会请听众中的人或是小组的主持人来问任何在演讲中没有涵盖到的问题。

## 推荐人

某人推荐另外一个人去演讲或是其他和演讲相关的机会。

## 再次去做的活动

当你被一个协会或公司再次请去做演讲时，不论是关于同一个话题的还是另外一个话题的。

## 静修

把那些有共同兴趣的人聚集在一起，比如作家、厨师、销售人员等，安排到一个为期一天的密集的学习活动中。也可能是由一个公司举办的，让员工可以有机会学习，并且和来自总部以及其他分支机构的人相互连接沟通。演讲者通常是被邀请来为参加静修的人做教育性的或是娱乐性的演讲。

## REP

招标。当协会想要为他们即将举行的活动招募演讲者的时候，会采取招标的形式。潜在的演讲者需要在截止日期前提交材料才能入围考虑名单。公司和政府在特定的演讲或是活动开始的时候，也会采取招标的形式。

## 售卖表格

一页纸的表格，通常用4种颜色标识，显示了某人售卖的服务或产品。

## 研讨会

一个比主题演讲的互动性更多的工作坊，因为会有更多的演讲者来参加。

## 托

也可以认为是"安插的人手"。在听众里安排某人在演讲的中间带头鼓掌。这个主意是源于如果有人开始鼓掌的话，其他的人也会跟着一起鼓掌的。或是在问答环节如果没有人提问的话，这个人会带头问一个特定的问题。安排托，是演讲产业里并不那么拿得上台面的一种做法。

## 社交媒体

一个用来称呼像Twitter，Facebook和LinkedIn这样广为人知的网站的词。社交媒体提供了一个免费或是低成本与其他人联系的机会。

## 演讲者

某个在演讲中投入了思考，或是受过培训的人。

## 演讲机构

一个为很多职业演讲者打理事务的机构，从而为他们的服务收取佣金。在美国佣金的标准通常是总收入的25%。

## 演讲教练

演讲方面的专家，能帮助其他演讲者提高他们的演讲技能。

## 赞助

一个公司或是个人通过出资来赞助某位演讲者或是某个活动，或是可以使用公司或个人的名义，这样可以制造声势而且增加可信度。

## 证明信

通常是来自会议策划者的亲自观察，给出对一位演讲者的推荐。证明也可以来自某位听众。证明信需要使用正式的有抬头的信笺。如果证明信是通过电子邮件发的，那么上面也要有证明人的联系信息，包括这个人的职位和邮件地址，或者是如果要跟进的话可以得到联系方式。

## 培训者

一个举办工作坊的人，会讲一些内容，也会让参加者参与活动内容。

## 地点

演讲活动或是会议的物理地址，一般是在酒店或是会议中心。

## 视频剪辑

完整的或是缩减的视频格式，内容是某人演讲的连续镜头，或是电视上的露面。

## 工作坊

也叫作研讨会，是一个学习和培训的机会。时间长度从45分钟，一个小时，半天，一天，5~7天不等。

# 附　录

## 新演讲活动需求问卷

姓名＿＿＿＿＿＿＿＿＿＿＿＿＿＿＿＿

职务＿＿＿＿＿＿＿＿＿＿＿＿＿＿＿＿

公司＿＿＿＿＿＿＿＿＿＿＿＿＿＿＿＿

地址＿＿＿＿＿＿＿＿＿＿＿＿＿＿＿＿

邮件地址＿＿＿＿＿＿＿＿＿＿＿＿＿＿

电话＿＿＿＿＿＿＿＿＿＿＿＿＿＿＿

网站＿＿＿＿＿＿＿＿＿＿＿＿＿＿＿


推荐来源＿＿＿＿＿＿＿＿＿＿＿＿＿＿

心中有无特定的日期＿＿＿＿＿＿＿＿＿＿＿＿＿

演讲的类型（主题演讲和分会演讲）＿＿＿＿＿＿＿＿＿＿＿＿＿

主题＿＿＿＿＿＿＿＿＿＿＿＿＿＿＿

长度＿＿＿＿＿＿＿＿＿＿＿＿＿＿＿

什么场合＿＿＿＿＿＿＿＿＿＿＿＿＿＿

听众是什么人＿＿＿＿＿＿＿＿＿＿＿＿

预计的听众规模＿＿＿＿＿＿＿＿＿＿＿＿＿

预算＿＿＿＿＿＿＿＿＿＿＿＿＿＿＿

其他细节＿＿＿＿＿＿＿＿＿＿＿＿＿

## 保密的研讨会前的调研
### "作者的演讲奥秘"

姓名＿＿＿＿＿＿＿＿＿＿＿＿＿＿＿＿＿

地址＿＿＿＿＿＿＿＿＿＿＿＿＿＿＿＿＿＿＿＿＿＿＿

＿＿＿＿＿＿＿＿＿＿＿＿＿＿＿＿（城市，国家，邮编）

电子邮件＿＿＿＿＿＿＿＿＿＿＿＿＿＿

网站（如果有）＿＿＿＿＿＿＿＿＿＿＿

是否出版过书？是／否＿＿＿＿＿＿＿＿＿＿＿

如果是，请列出书名，出版日期和类型（例如，非虚构，虚构）＿

除了写作以外还有工作吗，什么工作？

＿＿＿＿＿＿＿＿＿＿＿＿＿＿＿＿＿＿

作为演讲者受过培训吗？

＿＿＿＿＿＿＿＿＿＿＿＿＿＿＿＿＿＿

隶属于任何演讲协会吗？是／否 如果是，请列出：

＿＿＿＿＿＿＿＿＿＿＿＿＿＿＿＿＿＿

今晚的研讨会你的首要目标是什么？

＿＿＿＿＿＿＿＿＿＿＿＿＿＿＿＿＿＿

作为演讲者，你的目标是什么？

＿＿＿＿＿＿＿＿＿＿＿＿＿＿＿＿＿＿

作为写作者，你的目标是什么？

＿＿＿＿＿＿＿＿＿＿＿＿＿＿＿＿＿＿

# 主题演讲准备工作表

演讲的题目：_____

日期：_____

实践环节：_____

主题演讲长度：_____

听众：_____

开头：_____

_____

观点1：_____

_____

观点2：_____

_____

观点3：_____

_____

结尾：_____

_____

视听材料：_____

分发物：_____

_____

## 反馈/评估表
（演讲人姓名）
（联系方式）

演讲：_____　　日期：_____

你在本场演讲中学到的，在今后你第一个会使用的想法是什么？

_____

_____

请让演讲者知道你关于这场演讲最喜欢的地方是什么：

_____

_____

请给本场演讲打分：优秀_____良好_____差_____

其他_____

请提供您的联系方式以便演讲前跟进。

（注释：你的联系信息，包括你的邮件地址，都不会和其他任何人分享。）

姓名_____　　邮件地址_____

职务_____　　办公电话_____

机构/部门/公司_____

地址_____

传真_____

（注释：你也可以选择匿名提交评估表格。）

你未来还会参加哪些研讨会？

其他话题？